PODER

Dados Internacionais de Catalogação na Publicação (CIP)
(Câmara Brasileira do Livro, SP, Brasil)

Grün, Anselm, 1945-
  Poder : Uma força sedutora / Anselm Grün ; tradução Markus A. Hediger. – 1. ed. – Petrópolis, RJ : Vozes, 2021.

  Título original: Macht – Eine verführerische Kraft
  Bibliografia
  ISBN 978-65-5713-286-9

  1. Autoconhecimento 2. Bíblia – Ensinamentos 3. Cristianismo 4. Deus (Cristianismo) – Conhecimento 5. Humanidade (Moral) – Aspectos religiosos – Cristianismo 6. Poder – Aspectos religiosos I. Título.

21-65206 CDD-248.4

Índices para catálogo sistemático:
1. Poder de Deus : Vida cristã : Cristianismo 248.4

Aline Graziele Benitez – Bibliotecária – CRB-1/3129

ANSELM GRÜN

PODER

Uma força sedutora

Tradução de Markus A. Hediger

Petrópolis

© 2020 Vier-Türme GmbH, Münsterschwarzach.

Tradução realizada a partir do original em alemão intitulado
Macht – Eine verführerische Kraft.

Direitos de publicação em língua portuguesa – Brasil:
2021, Editora Vozes Ltda.
Rua Frei Luís, 100
25689-900 Petrópolis, RJ
www.vozes.com.br
Brasil

Todos os direitos reservados. Nenhuma parte desta obra poderá ser reproduzida ou transmitida por qualquer forma e/ou quaisquer meios (eletrônico ou mecânico, incluindo fotocópia e gravação) ou arquivada em qualquer sistema ou banco de dados sem permissão escrita da editora.

CONSELHO EDITORIAL

Diretor
Gilberto Gonçalves Garcia

Editores
Aline dos Santos Carneiro
Edrian Josué Pasini
Marilac Loraine Oleniki
Welder Lancieri Marchini

Conselheiros
Francisco Morás
Ludovico Garmus
Teobaldo Heidemann
Volney J. Berkenbrock

Secretário executivo
João Batista Kreuch

Diagramação: Sheilandre Desenv. Gráfico
Revisão gráfica: Anna Carolina Guimarães
Capa: Érico Lebedenco

ISBN 978-65-5713-286-9 (Brasil)
ISBN 978-3-7365-0299-4 (Alemanha)

Editado conforme o novo acordo ortográfico.

Este livro foi composto e impresso pela Editora Vozes Ltda.

Sumário

Introdução, 7

O poder de Deus, 9

    História da religião, 9

    Bíblia e teologia dogmática, 11

    O poder de Jesus: *exousia, dynamis, energeia*, 15

O poder do ser humano, 17

    Definição de poder, 17

    O poder do ser humano como dádiva de Deus, 21

    As diferentes formas, cenários e instrumentos do poder, 22

O abuso do poder, 27

    A tentação do abuso de poder no Evangelho de Lucas, 27

    O lado sombrio do poder, 32

O poder oculto da Igreja, 37

Abuso de poder no âmbito político, 54

Abuso de poder na empresa, 57

Abuso de poder no âmbito pessoal, 60

Razões biográficas para o abuso de poder, 67

O uso apropriado de poder, 71

Métodos para alcançar objetivos, 72

O formador de poder no lugar do asceta de poder ou homem de poder, 78

Assumir poder – precondições e condições, 80

Posturas para o exercício de poder, 86

Conclusão, 89

Bibliografia, 91

Introdução

A denúncia de abusos sexuais em números tão altos e tamanha extensão lançou a Igreja numa crise profunda. As causas desse abuso são múltiplas. Mas uma causa essencial é certamente o abuso de poder. Isso, porém, se tornou possível principalmente porque, até então, a Igreja não tinha desenvolvido uma teologia do poder nem uma teologia da sexualidade. Ambas foram ignoradas e, por não terem sido levadas em conta, elas se transformaram em um problema na Igreja.

Aquilo que não é conscientizado é integrado no inconsciente e, a partir dali, desdobra seus efeitos destrutivos sobre o ser humano. Carl Gustav Jung, o psicólogo e terapeuta suíço, demonstrou isso repetidas vezes: aquilo que reprimimos se transforma em sombra. Para C. G. Jung, a sombra é o âmbito do inconsciente, onde o ser humano deposita tudo aquilo que ele não quer admitir conscientemente. A sombra é o reino das coisas reprimidas na alma humana. Mas reprimir não anula as paixões e necessidades do ser humano. Ao contrário: elas manifestam seus efeitos muitas vezes na projeção sobre os outros ou na expressão inconsciente da sombra. Uma agressão reprimida, por exemplo, se transforma em agressão passiva: ela provoca agressão em todos aqueles que interagem com essa pessoa. Ou a agressão é projetada sobre os outros: por exemplo, posso acusar os outros das agressões que não quero admitir em mim mesmo. Então eu os acuso de serem agressivos. Na verdade, porém, eu mesmo sou a pessoa agressiva. No contexto da Igreja, existe ainda uma terceira variante: a agressão se manifesta sob o manto do amor. Quando, numa reunião do conselho municipal, surge um conflito e o padre diz: "Cristãos não brigam. Nós nos amamos", ele está exercendo poder sobre os membros do conselho, pois gera neles sentimentos de culpa simplesmente por terem uma opinião diferente. Mas o poder não é um tema central apenas na Igreja. De um lado, estamos vivenciando uma deterioração do poder político, de outro, um aumento do poder populista. Vemos o abuso de poder na economia, por exemplo, no chamado escândalo do óleo diesel. E vivenciamos o abuso de poder também no âmbito pessoal. Aqui também ninguém fala sobre poder, mas é especialmente nos relacionamentos, no casamento, nas amizades, que o poder é exercido. Por isso, decidi escrever sobre o poder. Estou ciente de que não poderei escrever um tratado abrangente sobre esse tema. Falarei apenas daqueles aspectos que me parecem importantes.

Meu desejo é usar este livro para ajudar pessoas com poder a exercê-lo para o bem das pessoas. Além disso, quero convidar todos os leitores – pois cada pessoa possui algum poder – a refletirem sobre seu poder e o uso que fazem dele.

Anselm Grün

O poder de Deus

Todas as religiões chamam Deus de "o Poderoso" ou até de "o Todo-Poderoso". Quando falamos de Deus, falamos também sempre sobre poder. Uma rápida análise da história da religião e da Bíblia tornará visível a relação entre Deus e o poder.

História da religião

A história da religião mostra que a experiência de poder é um fenômeno religioso primordial: "Na história da religião, coisas como pedras, metais, árvores, montanhas, água e fogo são vivenciadas como 'poderosas'" (Hauser, p. 99). Muitas vezes, essa experiência está vinculada à sensação de um encontro com algo misterioso, com algo que é e continua sendo incompreensível. Poder sempre evoca maravilha, mas também reverência e, muitas vezes, medo. As pessoas tinham medo do poder do trovão e do relâmpago. Na magia, o fetiche é usado como portador de poder. Uma pessoa toma um cajado, por exemplo, e acredita que ele contém energia divina, por isso ele afasta do dono e do vilarejo a ameaça de trovão e relâmpago. Uma maneira de lidar com o poder era e ainda é muitas vezes o tabu: "O tabu significa um tipo de alerta contra poder acumulado. Como estratégia de defesa, todos os evitam, não falam dele. O rei, a vida sexual, certas estações, por exemplo, são tabus. O numinoso é perigoso, uma pessoa que viola o tabu é ameaçada" (Hauser, p. 100).

No início da história da humanidade – e, portanto, também da história da religião – muitas vezes, o poder das coisas é vinculado de modo confuso ao poder de um espírito grande ou de um ancestral. As pessoas giram mais em torno das coisas sem esclarecer de onde provém o seu poder. É apenas quando surgem as religiões cultuais tanto matriarcais como patriarcais que as experiências de poder são atribuídas a uma deusa ou a um deus. Todo poder humano – o poder dos reis, por exemplo – é apresentado nesses conceitos como provindo diretamente da deusa ou do deus. Além disso, o poder da deusa, do deus, se manifesta em fenômenos naturais, em lugares especiais (nos chamados locais de força) ou em algumas pessoas.

A filosofia estoica, que surgiu por volta de 300 a.C., renuncia a essa crença em deuses. Ela iguala "a misteriosa onipotência, que é o fundamento da existência de todos os fenômenos, à deidade" (Hauser, p. 101). O estoicismo não fala mais de um deus pessoal, mas do poder do princípio do mundo, que ele identifica com a deidade. Hauser afirma: "Essas afirmações abstratas e impessoais ainda dão testemunho do mistério do poder que o ser humano vivencia no cosmos e ao qual ele só pode reagir com reverência e temor" (Hauser, p. 101). O efeito das crenças de religiões antigas ainda pode ser sentido hoje. Muitas pessoas atribuem algum poder a objetos – medalhões, pingentes, pedras ou outros símbolos. Muitas vezes, os cristãos condenam isso como superstição, mesmo que, pelo menos na Igreja Católica, relíquias e outros símbolos ainda exerçam um papel importante. Aparentemente, o homem moderno também anseia por um poder que o protege e ao qual ele pode se confiar.

Bíblia e teologia dogmática

No Antigo Testamento, Deus é o Poderoso. Os Salmos não se cansam de louvar o seu poder. O salmista implora, por exemplo: "Levanta-te, SENHOR, com teu poder!" (Salmos 21,14). E no Salmo 24, Deus é descrito como "o SENHOR, forte e valoroso, o SENHOR, valoroso na batalha" (Salmos 24,8). O poder de Deus é louvado, pois "pela grandeza do teu poder teus inimigos se rendem a ti" (Salmos 66,3). O poder de Deus se evidencia principalmente na travessia do Mar Vermelho pelo povo de Israel. Com mão poderosa Deus livrou o povo do poder do faraó. Deus age com poder na história. E seu poder se revela também nas forças naturais. Vemos isso, por exemplo, em Jó, que duvida de sua justiça. Após lhe mostrar as maravilhas da natureza, Deus lhe diz: "Quem criticava o Todo-poderoso quer discutir? Quem assim critica a Deus, que responda!" (Jó 40,2).

O Novo Testamento também louva Deus como o onipotente. Maria canta no *Magnificat*: "Mostrou o poder de seu braço" (Lucas 1,51). Nos milagres de Jesus, as pessoas vivenciam "o poder e a grandeza de Deus" (Lucas 9,43), principalmente na ressurreição de Jesus: "Deus, que ressuscitou o Senhor, também ressuscitará a nós pelo seu poder" (1 Coríntios 6,14). A epístola aos Colossenses encoraja os cristãos: Somos "confortados pelo poder se sua glória" (Colossenses 1,11). E no último livro do Novo Testamento, em Apocalipse, Deus é louvado: "Digno és, Senhor, nosso Deus, de receber a glória, a honra e o poder" (Apocalipse 4,11).

A tradição bíblica e do cristianismo primitivo conhece quatro conceitos de poder: *auctoritas, potestas, dynamis* e *energeia*. Um fato interessante é que o *Reallexikon für Antike und Christentum* (RAC) [Léxico da Antiguidade e do Cristianismo] não trata do verbete "poder", mas remete a essas quatro palavras. Todos os conceitos são usados já antes no âmbito não cristão. A Bíblia e os primeiros padres da Igreja os aproveitam para se referir a Deus e ao ser humano.

A palavra *auctoritas* provém da palavra latina *augere* e significa algo como "multiplicar". Uma pessoa que possui *auctoritas*, autoridade, multiplica a força de outra pessoa. *Auctoritas* é a "capacidade de transferir uma força interior" escreve o Léxico da Antiguidade e do Cristianismo (RAC 1, 902). Quando uma pessoa recebe autoridade, ela designa a capacidade "de exercer influência decisiva sobre as decisões dos outros em virtude de sua sabedoria superior" (RAC 1, 903). Isso significa: a pessoa que possui *auctoritas* não precisa ter poder externo. Ela age em virtude de seu poder interior. A Bíblia aplica esse entendimento de *auctoritas* a Deus e à sua palavra.

Em português, a palavra latina *potestas* é traduzida como "domínio". Significa poder discricionário. A Deus compete a verdadeira *postestas*. Mas ele instituiu o ser humano como senhor sobre a criação. Mas ele deve fazer bom uso desse poder, ou seja: para o bem da criação, não para explorá-la. Mas se dermos uma olhada melhor na Bíblia, veremos que os israelitas, a despeito de todo o domínio do ser humano, esperam o domínio definitivo de Deus. Não são os homens que possuem o poder supremo e têm a última palavra, mas Deus. Quando Jesus proclama o reino ou o domínio de Deus, ele critica ao mesmo tempo o poder irrestrito dos senhores terrenos, que ele conheceu na figura do imperador romano. Mesmo que, mais tarde, a Igreja tenha adotado ideias de domínio romanas para os seus representantes, ela nunca falou sobre poder em termos de *potestas*, mas em termos de diaconia. A Igreja entendia e entende seus ofícios como serviço às pessoas e não no sentido de um domínio sobre outros. No entanto, ao longo dos séculos, ela se adequou cada vez mais às formas de domínio romanas. Isso levou também dentro da Igreja a um abuso de poder, ainda mais quando o conceito romano da *potestas* era interpretado religiosamente. A Igreja derivava o poder diretamente de Deus e acreditava estar exercendo esse poder em seu nome (cf. RAC 14, 920ss.). Quando o cristianismo se tornou religião estatal sob o imperador Constantino, "os oficiais da Igreja vivenciaram uma valorização que ultrapassava o contexto das comunidades de fé e passou a ter um alcance político" (RAC 14, 929). O ofício do bispo adotou cada vez mais traços senhoris, e esse entendimento se impôs com uma força cada vez maior na Idade Média, ao ponto de os bispos se tornarem príncipes-bispos que governavam não só a Igreja, mas também um país inteiro.

O terceiro termo para poder é *dynamis* e significa a "força" e o "poder" inerente às pessoas, a Deus ou a objetos diversos. Na filosofia grega, esse termo exercia um papel importante. Ela falava de Deus como uma *dynamis*, uma força que emana de Deus e impregna o mundo. É principalmente Lucas que, em seu evangelho, aplica a Cristo esse conceito tão popular na Grécia. Em Atos dos Apóstolos (cujo autor é, com grande probabilidade, Lucas), Pedro prega aos "gentios", ou seja, aos ouvintes não judeus, de cultura predominantemente grega recorrendo à sua língua: "Como Deus ungiu Jesus de Nazaré com o Espírito Santo e com poder. Como ele andou fazendo o bem e curando todos os oprimidos pelo diabo, porque Deus estava com ele" (Atos 10,38).

Jesus promete aos apóstolos "uma força, o Espírito Santo que virá sobre vós" (Atos 1,8). Essa força das alturas qualifica os apóstolos para a sua missão de proclamação e cura dos enfermos (cf. RAC IV, 435). Quando Lucas usa o conceito de *dynamis*, ele se refere ao filósofo grego Platão, que vinculou poder à razão. Segundo Platão, só um poder exercido com razão pode ser chamado de bom. A função do poder é criar uma ordem política e preservá-la. No entanto, segundo Platão, a liberdade também sempre faz parte do poder.

O quarto conceito de poder é *energeia* e designa "a eficácia, a atividade, também a força de ação" (RAC V, 4). Na carta aos Efésios, Paulo descreve a *energeia* como uma dádiva que Deus concede ao ser humano. Isso lhe permite dizer: "Tornei-me ministro dele pelo dom da graça de Deus, que me foi concedida pela eficácia de seu poder *(kata ten energeian tes dynameos)*" (Efésios 3,7). A força de ação, a energia que Deus nos concede, é sempre dádiva, sempre é sua dádiva graciosa.

Quando falamos de poder, devemos, portanto, analisar a qual aspecto de poder estamos nos referindo naquele momento. Os diferentes conceitos usados na Antiguidade e na Bíblia nos mostram que poder não é igual a poder. Sempre devemos discernir se estamos falando de poder e domínio externos ou se estamos falando de autoridade que não precisa de um poder externo, mas que exerce poder exclusivamente por meio de sua existência e sua sabedoria. Na Antiguidade, todos os quatro conceitos são aplicados tanto a Deus quanto aos homens. Deus é o verdadeiro governante e poderoso. Mas o ser humano também tem parte no poder de Deus.

Desde o início, a teologia tem definido Deus como o Todo-Poderoso. Ele é o criador onipotente de todas as coisas e do mundo inteiro. Tudo está em seu poder. Segundo Tomás de Aquino, o poder de Deus tem seu fundamento na liberdade com a qual ele age. Agostinho define a onipotência de Deus de outra forma: "Deus é chamado de todo-poderoso unicamente por poder fazer tudo que quiser" (Hauser, p. 105).

Nos últimos séculos, porém, essa onipotência tem sido questionada repetidas vezes por causa da pergunta que surgiu em vista das muitas guerras devastadoras: como um Deus todo-poderoso pode permitir tamanho sofrimento? Ele seria onipotente o suficiente para impedi-lo! Essa pergunta fundamental de toda teologia é chamada de teodiceia, e muitos tratados e livros tentaram dar uma resposta a ela, mas até hoje ninguém encontrou uma resposta satisfatória.

O poder de Jesus:
exousia, dynamis, energeia

Os evangelhos falam repetidamente do "poder" de Jesus: ele tem o poder de perdoar pecados (Mateus 9,6) e prega com poder. Outra passagem diz que as pessoas "ficavam admirados de sua doutrina porque sua palavra tinha autoridade" (Lucas 4,32). O texto grego diz: *en exousia en ho logos autou*. Poderíamos traduzir isso como: "Em poder estava a sua palavra". *Exousia* deriva da palavra grega *ousia = o ser*. Ou seja, Jesus falava a partir do ser. Ele falava de tal modo de Deus que este simplesmente estava presente, da maneira que o ser de Deus se revelava. Jesus não moraliza, ele não fala de dever, mas do ser. Ele não exerce poder inculcando sentimentos de culpa em seus ouvintes – seu poder se manifesta em sua liberdade de falar de Deus de uma forma que corresponde ao ser de Deus. Por meio de sua palavra, Deus se faz presente. Suas palavras têm o poder de provocar uma reação violenta no homem que estava possesso de um "espírito impuro".

Por meio da palavra de Jesus, a imagem demoníaca de Deus é trazida à luz, a imagem de um Deus que eu posso possuir, que deve servir a mim, que tem a obrigação de me recompensar se eu orar. Quando o demônio sai da pessoa, as pessoas ficam admiradas e se assustam. Elas dizem: "Com poder e autoridade manda nos espíritos impuros e eles saem" (Lucas 4,36).

Além da *exousia*, os evangelhos falam também da *dynamis*. *Dynamis* é a força que Deus concedeu a Jesus e significa a força e a capacidade de efetuar algo. Deus deu a Jesus a capacidade de expulsar demônios com autoridade e de curar as pessoas. No evangelho de Lucas, nós lemas: "O poder do Senhor o levava a curar" (Lucas 5,18).

Os evangelhos atribuem ao Jesus vindouro, que dará início ao fim do mundo, poder e glória: "verão o Filho do homem vir sobre as nuvens do céu com grande poder e glória" (Mateus 24,30). Jesus enviará os seus anjos: "Enviará seus anjos com poderoso som de trombeta e eles reunirão os eleitos dos quatro ventos, de um extremo do céu até o outro" (Mateus 24,31). No fim, os poderosos serão derrubados de seu trono. As forças deste mundo perderão seu poder e Cristo governará sobre todas as pessoas e todo o universo. No fim das contas, o mundo está nas mãos de Cristo. Em Jesus Cristo, Deus "nos livrou do poder das trevas e nos transportou ao reino de seu Filho amado" (Colossenses 1,13).

O poder do ser humano

A maioria dos teólogos concorda que o ser humano como criatura recebeu poder e dignidade como dádiva de Deus. Deus concede ao ser humano o poder da liberdade. Mas o que significa poder nesse contexto?

Definição de poder

A palavra alemã para poder, "Macht", provém de "mögen", que originalmente significava "poder, ser capaz de". Isso corresponde, também, à palavra latina *potestas*, derivada de *posse* = *poder*.

Existem diferentes definições de poder. Christine Bauer-Jelinek, uma psicóloga e professora que, desde a década de 1980, trabalha como mentora na área econômica e que é diretora do "Institut für Machtkompetenz" [Instituto de competência de poder] que ela fundou, define poder da seguinte forma: "Poder é a capacidade de impor sua vontade contra uma resistência" (Bauer-Jelinek, p. 58).

Isso significa que o exercício de poder pretende impor e satisfazer as suas necessidades. A fim de alcançar isso, preciso usar poder.

Aqui, poder não significa violência ou luta. Eu só uso um recurso – que também pode ser uma conversa inteligente – para realizar a satisfação das minhas necessidades.

Karl Rahner, um dos teólogos católicos mais importantes do século 20, define poder de outra forma. Na sua opinião, poder consiste na "possibilidade ativa de interferir nas circunstâncias reais de um outro sem o consentimento anterior deste" (Rahner, p. 485). Os meios para alcançar essa mudança podem ser diversos. Por isso é legítimo e razoável "falar de um poder do conhecimento e da instrução, da confissão, do amor, da coragem, da oração etc." (Rahner, p. 486).

O meu amor também pode interferir e mudar a situação do outro. Como contraponto a essa definição geral, Rahner também fala do poder físico, "que, sem ser consultado e até mesmo diante de oposição, interfere e muda a esfera do outro, sem ter passado pelo consentimento da liberdade do outro como que por um filtro" (Rahner, p. 491). Rahner chama esse poder de "dádiva e tarefa de Deus". Ele está ciente de que esse tipo de poder pode ser usado de modo abusivo. Mas ele é parte essencial do ser humano, pois ele vive no mesmo espaço de liberdade. Além disso, devemos estar claros sobre isto: com a nossa ação livre nós sempre limitamos ou mudamos o espaço de liberdade do outro.

Romano Guardini, um representante do movimento de jovens católico e outro teólogo importante do século 20, também escreveu um livrinho sobre o poder. Nessa pequena obra, ele faz uma distinção entre o poder do ser humano e a força do animal. Ele escreve: "Só podemos falar de poder no sentido próprio da palavra se dois elementos estiverem presentes: em primeiro lugar, energias reais que provocam mudanças na realidade das coisas e que são capazes de determinar seus estados e suas relações recíprocas. Em segundo lugar, porém, também uma consciência que lhes é inerente; uma vontade que estabelece objetivos; uma capacidade que movimenta essas forças em direção a esse objetivo" (Guardini, p. 102).

Na visão de Guardini, o ser humano exerce poder em tudo que ele faz: "O ser humano não pode ser humano e exercer poder ou não; exercer poder é essencial a ele" (Guardini, p. 112). No entanto, ele deve vincular esse poder a um sentido. Segundo Guardini, esse sentido do poder consiste em dar continuação àquilo que Deus, em sua liberdade, criou como natureza "no espaço da liberdade finita na forma de história e cultura". Ou seja, o ser humano não deve "construir de forma autônoma o seu próprio mundo, mas completar o mundo de Deus segundo a sua vontade como um mundo humano de liberdade" (Guardini, p. 113).

Como já Romano Guardini e Karl Rahner, o ex-monge beneditino e teólogo protestante Fulbert Steffensky também definiu o poder como característica essencial do ser humano. A princípio, o poder é algo positivo. Steffensky escreve: "Aquele que ama a vida, que deseja a justiça, precisa querer poder. Ele deve desejar lidar com a vida. Você não pode se orientar na sua própria vida nem servir à vida alheia se você permanecer na impotência. Existe uma preguiça de vida que evita agir e assim mina a própria confiança na vida" (Steffensky, p. 254). Ele assume uma posição crítica em relação ao "elogio à impotência nobre, na qual você nunca se suje nem nunca se torna culpado porque você se dispensa de qualquer ação e entrega o mundo ao seu destino" (Steffensky, p. 254). Ele identifica esse "elogio à impotência" principalmente em círculos cristãos, que não querem sujar suas mãos com o poder, mas que, assim, não têm efeito nenhum sobre o mundo. Mas o ser humano possui a missão de agir neste mundo, de "propagar a verdade de Deus neste mundo" (Steffensky, p. 254).

É claro que Steffensky sabe também da tentação e da distorção do poder e reconhece isso sobretudo na tentativa "de se apoderar da vida – das pessoas, dos animais, das árvores, da terra – e de agir diante deles somente como grande caçador" (Steffensky, p. 255). O perigo consiste em querer ser senhor sobre tudo. Tudo é submetido a propósitos para impor seus próprios interesses. No entanto, mesmo diante de toda essa distorção do poder, Steffensky escreve: "Uma pessoa que ama age. Uma pessoa que ama deseja poder" (Steffensky, p. 254). Quando queremos alcançar o bem neste mundo, quando queremos impregnar o mundo com o amor, nós precisamos de poder.

O sociólogo e economista alemão Max Weber parte da sociologia e, por isso, chega a uma definição completamente diferente do poder na *Theologische Realenzyklopädie* [Enciclopédia real da teologia] (TRE). Para ele, poder significa "qualquer oportunidade de impor a sua própria vontade dentro de uma relação social, também contra resistências, e independentemente daquilo em que essa oportunidade se baseia" (TRE 650). A sociedade não pode desistir de poder e, por isso, Weber acredita que poder "é uma das categorias elementares de toda e qualquer política" (TRE 650). Mas ela também precisa de restrições. Essas restrições são determinadas pelo direito e pela moral.

O teólogo evangélico Paul Tillich analisou o tema do poder repetidamente em seus escritos. Para ele, partes necessárias do poder são o amor, a justiça e a dignidade humana. No poder, ele vê o desejo de "reunir o que foi separado". Mas isso "nada mais é do que amor" (TER 656). Para Tillich, o amor não é a negação do poder, "mas seu fundamento", justiça é "a forma na qual o poder do ser se realiza". Assim, Tillich vê "na união de justiça, poder e amor a lei fundamental tanto nas relações interpessoais como nas relações sociais entre grupos" (TER 656). Os critérios que Tillich estabelece para o exercício de poder são, para todos que detêm poder, um convite para sondar a própria consciência: O meu poder sempre inclui também o amor? Eu exerço o meu poder de forma justa, de modo que faça jus às pessoas? Ao exercer o meu poder, eu respeito a dignidade do ser humano?

O poder do ser humano como dádiva de Deus

Karl Rahner acredita que, num mundo sem pecado, ou seja, no paraíso, o poder é desnecessário. Poder é sempre um sinal de um mundo marcado pelo pecado. Mas neste mundo pecaminoso em que nos encontramos, o poder é uma dádiva de Deus, e a história da nossa salvação é marcada pelo poder. Pois vivemos nossa fé num mundo que é marcado pelo poder de outras pessoas. Na opinião de Rahner, não podemos viver nossa liberdade de forma absoluta, mas apenas sempre num mundo moldado e limitado pelo poder dos poderosos. Rahner acredita que só usaremos o poder de forma correta se o vermos como algo temporário. Ele fala do perigo de abusar do poder "como arma de sua própria autoafirmação" (Rahner, p. 504). Ele sempre está ameaçado pelo pecado, por isso ele pode ser usado para a "absolutização do finito e da vontade própria, como poder em nome do poder" (Rahner, p. 505). O poder nos "cega, porque, quando ele nos deixa embriagados, nós não conseguimos ver como a realidade realmente é" (Rahner, p. 506).

Por isso, o poder precisa ser remido pela fé e pelo amor. Rahner fala do "amante sábio": Ele não se esquiva "do poder, quando ele se coloca em sua mão, ele pode até buscá-lo quando ele o vê abusado por outros e quando sente dentro de si uma força verdadeiramente criadora" (Rahner, p. 506). O amante sábio está sempre ciente da dignidade livre das pessoas às quais ele serve com seu poder e sabe também da impotência do poder. O poder nunca consegue formar e moldar tudo e, na opinião de Rahner, está sempre marcado pela impotência da cruz. Tal poder, que sabe da finitude do ser humano mortal, "não hesita, não é morno nem covarde. Ao contrário: ele é livre também diante da morte e, por isso, pode ousar tudo do qual possa assumir a responsabilidade diante de Deus" (Rahner, p. 508).

As diferentes formas, cenários e instrumentos do poder

A psicóloga e mentora de administração austríaca Christine Bauer-Jelinek descreveu as diferentes formas, cenários e instrumentos do poder. A princípio, ela identifica *oito fontes de poder*:

1.

O poder da matéria, que se manifesta na força braçal, mas também na posse de dinheiro e imóveis.

2.

O poder da origem. Estamos falando aqui da influência da família. Hoje em dia, esse tipo de poder não é mais tão forte quanto antigamente.

3.

O poder da maioria. Este poder é exercido nos partidos, nas iniciativas civis e em comunidades. Hoje em dia, esse poder da maioria se evidencia em enquetes. Muitas vezes, parece que ele é manipulado pelo modo em que as perguntas são feitas.

4.

O poder do conhecimento. Na nossa sociedade de informação, essa forma do poder adquire um efeito cada vez maior. Ao mesmo tempo, ele também está ameaçado. Quando espalhamos mentiras conscientemente pelos diversos canais de informação, nós exercemos poder sobre as pessoas. Aqueles sobre os quais as mentiras são espalhadas mal conseguem se defender contra elas. Palavras, uma vez expressadas e publicadas, exercem um poder grande e, muitas vezes, destrutivo.

5.

Um ponto muito importante me parece ser *o poder dos sentimentos*, que Bauer-Jelinek descreve como a quinta fonte. Trata-se de um tema importante, que, muitas vezes, é negligenciado. Nós exercemos poder quando aproveitamos seus pontos fracos da "ganância, medo, vaidade ou orgulho" (Bauer-Jelinek, p. 76).

Tanto sentimentos positivos como amor e alegria como sentimentos negativos como raiva ou inveja possuem um poder da qual os outros dificilmente conseguem se esquivar. Bauer-Jelinek descreve esse exercício de poder especialmente no âmbito familiar: "Na vida particular, o poder dos sentimentos é usado, por exemplo, por meio de privação de amor, mau humor, ataques de raiva ou de choro... reclamar, acusar, fazer-se de coitado, projetar uma imagem de fraqueza são métodos comuns do exercício de poder, assim como a sedução ou a exploração de anseios e dependências sexuais" (Bauer-Jelinek, p. 76). Muitas vezes, o poder dos sentimentos age no oculto. Por isso, nós o ignoramos com frequência. Mas quanto mais ele é usado às escondidas, mais forte ele se torna.

6.

Como sexta fonte do poder, Bauer-Jelinek cita o *poder da função*. Em sua posição ou função, que ocupamos no trabalho, todos nós exercemos poder. Quanto menos poder externo alguém possui, mais rigorosa é a forma com que ele costuma exercê-lo sobre aqueles que dependem dele. Um exemplo são, especialmente na Alemanha, aquelas posições em que, a fim de alcançar o seu objetivo, você é obrigado a esperar na frente de portas fechadas. O poder se manifesta em deixá-lo esperar, depois em chicanas, às quais os clientes são submetidos: um departamento o manda para o outro ou exige documentos adicionais que você deve trazer quando voltar. E então a tortura da espera começa de novo. Muitas vezes, nós nos sentimos impotentes diante das chicanas do "pequeno funcionário público".

Encontramos esse comportamento em muitas áreas. Até no mosteiro conhecemos confrades que exercem seu poder obrigando seus pedintes a esperar. Talvez reconheçamos esse comportamento em nós mesmos, quando sempre nos atrasamos um pouco e fazemos os outros esperar.

7.

Como sétima fonte Bauer-Jelinek cita o *poder dos contatos*: precisamos de relacionamentos se quisermos alcançar algo. Existem pessoas que usam esse tipo de poder de forma muito hábil para impor seus próprios desejos.

8.

A oitava fonte que ela cita é o *poder da convicção*: cada ser humano está convencido de sua verdade e quer fazer – às vezes até com meios violentos – com que os outros acatem a sua verdade. O poder da convicção se manifesta também no sistema jurídico. Mas existem também leis tácitas: "As leis tácitas ou implícitas de uma sociedade formam uma 'estrutura de poder', da qual o indivíduo não pode fugir sem temer uma punição" (Bauer-Jelinek, p. 81).

Bauer-Jelinek acredita que, muitas vezes, as discussões não tratam de conhecimento e verdade, mas do poder das convicções. As pessoas apresentam sua convicção pessoal como verdade que não pode ser questionada. "Quando duas pessoas tentam resolver um conflito de interesses e se enredam em suas convicções, na maioria das vezes, elas nem percebem que estão recorrendo a seu poder. Acreditam objetivamente estarem certos e, então, dificilmente conseguem encontrar uma solução sensata" (Bauer-Jelinek, p. 82).

Além disso, Bauer-Jelinek diferencia entre *quatro cenários* ou palcos *do poder*. Em cada um, outros instrumentos do poder são usados, e cada um revela outras estruturas do poder.

Existe, em primeiro lugar, a *"casa"* como palco do poder. Aqui é a família em que os pais exercem poder, mas também os filhos em relação aos pais. O que predomina aqui é o poder dos sentimentos.

Depois, vem o *"mercado"* como palco do poder, onde diferentes fornecedores vendem os seus produtos e onde grupos diferentes defendem as suas opiniões. Aqui, tudo gira em torno de concorrência e do poder do mais forte, mas existe também o poder da criatividade e da esperteza.

A autora cita, também, o "*castelo*" como palco do poder. O castelo representa o poder dos governos na cidade e no país.

O último palco é o "*templo*" como símbolo do âmbito religioso na nossa sociedade. O templo satisfaz principalmente as necessidades espirituais das pessoas. Mas encontramos aqui da mesma forma o poder do conhecimento, que se expressa em mitos religiosos e sistemas dogmáticos.

Em cada um dos quatro âmbitos, o poder é exercido de forma diferente. As pessoas que atuam nesses quatro âmbitos deveriam se perguntar como elas exercem seu poder. Quais são os jogos de poder na família? Os agentes no "mercado" realmente atuam de forma justa? Ou predominam aqui os mais fortes? Como exercemos poder na política? Poder faz parte da política. Mas precisamos também de uma cultura do poder político. E no "templo", no âmbito religioso, o poder é exercido. Quando defendemos nossas opiniões ou proclamamos a nossa fé, nós deveríamos nos perguntar se e como exercemos poder sobre os outros. Existe o poder positivo, que consegue convencer os outros de uma fé que é curadora. Mas existe também o exercício de poder que gera medo nas pessoas. Não se trata da pergunta se devemos usar poder ou não, mas da pergunta como o poder é exercido nos quatro âmbitos.

O abuso de poder

Karl Rahner identificou como causa do abuso de poder o fato de que, hoje, o poder é exercido "num mundo infectado pelo pecado". O que ele quer dizer é que este mundo não é só bom. Basta ler o jornal para ver quanta injustiça acontece no mundo, quantas pessoas são feridas e humilhadas. Com o termo "pecado", Rahner não pretende passar um sermão moralista, mas simplesmente descrever este mundo como um lugar que não está em ordem, no qual as pessoas não praticam apenas o bem, mas também o mal. Neste mundo concreto, o poder sempre é marcado também pelo pecado. Então o poder se transforma em violência contra as pessoas, em restrição de sua liberdade, em humilhação do ser humano e é exercido por motivos puramente egoístas. O poder sempre serviu e ainda serve muitas vezes para compensar a falta de autoestima com um poder externo. A Bíblia também fala dessa tentação do poder.

A tentação do abuso de poder no Evangelho de Lucas

Tanto Mateus como Lucas nos contam em seus evangelhos a história das tentações de Jesus. Em Mateus, a tentação do poder ocorre em terceiro e último lugar nessa narrativa. Lucas insere a tentação do poder no centro e a descreve em maior detalhe do que Mateus. Por isso, sigo a interpretação dessa tentação em Lucas.

Lucas não fala de Satanás, do "adversário", mas do diabo, do *diabolos*, que cria uma desordem total e confunde as pessoas. O diabo leva Jesus até o topo de uma montanha e lhe mostra, "num instante, todos os reinos do mundo e disse: "Eu te darei o poder e a glória de todos estes reinos, porque a mim foram confiados e eu dou a quem quiser. Se te prostrares, pois, diante de mim, tudo será teu" (Lucas 4,5-7). A tentação do poder aqui consiste em adorar o diabo, a fazer um "pacto com o diabo". Esse motivo ocorre também em muitos contos de fada. As pessoas fazem um pacto com o diabo para obterem riqueza ou o domínio sobre outras pessoas. Então deixam de servir a Deus e passam a servir ao diabo, fazem um pacto com forças sinistras para alcançar muito poder. O diabo acredita que todo poder pertence a ele, além de todos os reinos do mundo e que ele tem o poder de dar eles a quem ele quer.

Lucas pretende dizer aqui: quem se entrega totalmente ao exercício do poder, não é verdadeiramente livre. Ele se torna escravo de sua própria necessidade de poder, se torna servo do diabo. Ele é dominado pelo seu poder. Aquilo que ele espera receber do exercício de poder – que ele governará sobre as pessoas e que poderá fazer o que quiser – se transforma no oposto. Pois na realidade ele mesmo é dominado pelo diabo. Lucas fala intencionalmente do *diabolos*: o que o diabo diz é absolutamente sensato e razoável, só que ele confunde tudo. Ele combina as palavras de outra forma. As palavras individuais são verdadeiras, mas, misturadas, elas adotam um sentido diferente, um sentido destrutivo.

A tentação de abusar do poder político, porém, não significa para Lucas que devemos renunciar a qualquer exercício de poder ou ao aproveitamento dos bens deste mundo. Ele nos aponta dois caminhos que podemos seguir para lidar apropriadamente com o poder e o domínio sobre os reinos desta terra.

O primeiro caminho se mostra em como Lucas fala sobre a riqueza. Lucas escreveu seu evangelho para as pessoas de língua grega da classe média, ou seja, para latifundiários, comerciantes e artesão que tinham acumulado alguma riqueza. Lucas não exige que essas pessoas abastadas desistam de sua profissão e riqueza, mas que a dividam com aqueles que estão passando por necessidades.

E uma segunda mensagem é: eles devem estar sempre cientes de que aquilo que lhes foi confiado como riqueza são coisas pequenas em comparação com a coisa verdadeiramente importante: Deus. Por outro lado, ele quer deixar claro que riqueza é injusta. Ela não é nossa, mas ela nos foi emprestada e, no fim das contas, pertence a outro. Ela não nos pertence e só foi nos dada para que a administrássemos.

Para Lucas é importante que administremos também as coisas pequenas – a riqueza injusta e o bem alheio – de maneira confiável (cf. Lucas 16,10-12). Nossa salvação depende disso: "Se não fostes fiéis no que é dos outros, quem vos dará o que é vosso?" (Lucas 16,12). A riqueza verdadeira, o bem verdadeiro, é a vida divina que Jesus nos dá. É Deus que satisfaz o nosso mais profundo anseio, que, muitas vezes, as pessoas vinculam à riqueza: o anseio por paz, felicidade e liberdade. Somente Deus pode nos dar tudo isso. Mesmo assim, nosso relacionamento com Deus depende da administração confiável dessas coisas – podemos dizer também: do poder. Ou seja, não se trata de emigrar do mundo e renunciar a todo poder, mas administrar de maneira confiável as coisas deste mundo e exercer o poder de modo apropriado.

Em outro lugar, Jesus critica duas formas negativas de poder e mostra como ele imagina o poder dos cristãos: "Os reis das nações dominam seus povos e os que exercem autoridade são considerados benfeitores. Entre vós não seja assim. Ao contrário, o maior entre vós seja como o menor, e quem manda, como quem serve" (Lucas 22,25-26). A primeira forma do abuso de poder consiste, portanto, em diminuir aqueles sobre os quais governamos para podermos acreditar em nossa própria grandeza. Aqui o poder é usado para compensar a falta de autoestima, seu próprio complexo de inferioridade através da diminuição dos outros. Encontramos esse tipo de abuso de poder também nos dias de hoje. Pessoas que sofrem de um complexo de interioridade precisam humilhar os outros. Elas não toleram outras à sua altura, sempre precisam ser os maiores, caso contrário, se sentem inseguros. Quando não são os maiores, são confrontadas com sua própria verdade, que muitos não conseguem suportar. Aqui, abusam do poder para fugir da própria verdade. No entanto, esse tipo de poder não pode se transformar em bênção. Ele tem o efeito destrutivo sobre aquele que exerce esse poder e sobre aquele que é afetado por ele.

A segunda forma do abuso de poder consiste em exercer seu poder para ser visto como benfeitor. Poderíamos dizer: eu abuso do poder para causar uma boa impressão nos outros, para projetar uma imagem boa de mim mesmo. Nesse caso, eu só giro tem torno de mim mesmo e de minha reputação. É um girar em torno de si mesmo narcisista. Os psicólogos têm constatado repetidas vezes que alguns poderosos são personalidades narcisistas. Eles usam seu poder para se colocar em cena, para a se apresentar na melhor luz possível. O psicoterapeuta Albert Görres cunhou a bela imagem de poderosos que reúnem em torno de si "anões de admiração". Eles querem ser admirados pelas multidões. Esse tipo de pessoa não tolera ninguém ao seu lado que seja mais popular do que ele. Muitas vezes, encontramos essas pessoas nas posições de liderança de empresas. Elas demitem todos aqueles cuja popularidade é maior do que a delas. Vivem no medo constante de alguém ser melhor do que elas. Não se alegram com funcionários competentes, porque temem que estes possam ultrapassá-los em termos de habilidade e popularidade. Nesse clima do medo nada pode florescer – não no nível pessoal nem no nível econômico.

Mateus descreveu o abuso de poder em sua narrativa da tentação de Jesus de outra forma: "Sabeis que os chefes das nações as oprimem e os grandes as tiranizam." (Mateus 20,25). No texto grego, encontramos duas palavras conectadas pela palavra *kata*. Normalmente, *kata* significa "através, por meio de", mas indica um movimento de cima para baixo. Por isso, poderíamos traduzir a segunda palavra também como "subjugar". O poder que Mateus tem em vista aqui é sempre um movimento de cima para baixo: as pessoas que já estão embaixo são colocadas ainda mais para baixo. Hoje em dia, o poder também é abusado dessa forma: eu preciso subjugar os outros para que eu possa dominar sozinho. Eu oprimo as pessoas. Pessoas oprimidas e subjugadas não oferecerão resistência. Mas Jesus quer erguer as pessoas, encorajá-las a assumir a responsabilidade por sua própria vida.

Jesus opõe a essas duas formas de abuso de poder o seu entendimento de poder, como evidenciado nesses dois textos: o maior deve tornar-se o menor. Ou seja, ele não deve se achar mais importante em virtude de seu poder, mas deve ser homem entre homens. Aquele que lidera, deve servir. A palavra grega para "servir" é *diakonein*. Essa palavra designava em primeira linha a atividade daqueles que serviam à mesa.

Para mim, essa é uma imagem bonita para o uso correto do poder: aquele que detém poder tem a tarefa de efetuar algo nas pessoas, de servir a elas nesse sentido, não de dominá-las, mas de despertar nelas a vida. O poder serve à vida. Quando ele faz isso, ele é um poder que corresponde ao espírito de Jesus. E vale também o inverso: quando quero erguer as pessoas, quando quero despertar nelas a vida e aproximá-las dela, eu preciso de poder para fazer isso. Não de um poder do tipo que oprime e subjuga cada vez mais, mas um poder que puxa as pessoas para cima e as levanta.

O lado sombrio do poder

A leitura do evangelho de Lucas nos mostra que o poder possui também lados demoníacos ou diabólicos. Vemos isso de forma concreta no nosso mundo, quando tiranos dominam um país sem se importar com o bem-estar das pessoas. Eles estão tão embriagados com o seu poder que querem controlar tudo, que aniquilam todos aqueles que defendem outra opinião e que oprimem a população. Eles usam coerção e violência e não respeitam o bem-estar das pessoas. Eles exploram o povo e a natureza para os seus próprios propósitos. Não sabem o que é ter respeito da vida. Por trás desse poder se esconde desprezo da humanidade e desprezo da vida. A única coisa que conta para esses poderosos é a vantagem própria, os interesses próprios.

Em alguns contextos, falamos de homens de poder. Isso vale, por exemplo, para alguns políticos que conquistaram sua posição por meio de sua ganância de poder. Muitas vezes, precisam atropelar seus adversários para alcançar seu objetivo. Ou dizemos que o chefe de uma empresa é um homem de poder porque ele não tolera ninguém do seu lado. Essas pessoas estão possuídas pelo poder. Ele age como uma droga da qual precisam para se sentir bem.

No entanto, não existe abuso de poder apenas na política e na economia, mas também no lar e em comunidades eclesiásticas. Nem sempre o abuso de poder é cometido por pessoas que estão à frente de uma sociedade ou uma comunidade, ou seja, pelos típicos homens de poder. Muitas vezes, é um grupo de correligionários que domina. Às vezes, uma empresa é dominada por um pequeno grupo de funcionários que geram uma atmosfera negativa. Funcionários insatisfeitos que expressam isso em suas falas negativas sobre os outros exercem um poder destrutivo sobre uma empresa. Muitas vezes, esse poder não é palpável. Os funcionários só conseguem senti-lo. Os responsáveis fariam bem se observassem de perto esses jogos de poder e se desenvolvessem estratégias para privar os funcionários insatisfeitos de seu poder. E também em comunidades eclesiásticas sempre aparecem pessoas que tentam se apoderar do poder. Alguns que não têm a possibilidade de chegar ao poder na política ou na empresa usam a Igreja para compensar a sua necessidade de poder. E muitas vezes eles o exercem não de forma aberta, mas escondida. Uma maneira típica em que poder é exercido na Igreja de forma escondida é a chamada agressividade passiva. Ela se manifesta principalmente naquelas pessoas que sempre têm um sorriso no rosto. Essas pessoas costumam provocar agressividade em nós mesmos sem que saibamos exatamente de onde vem esse sentimento. A agressividade passiva se expressa, às vezes, numa voz excessivamente suave. Algumas pessoas tentam entorpecer os outros dessa forma e assim exercer poder sobre eles.

Além da agressividade passiva, existem também pessoas que expressam suas agressões de modo disfarçado, sempre se atrasando ou se esquecendo de compromissos. Podemos descobrir jogos de poder ocultos em todas as comunidades. Muitas vezes, os membros da comunidade não reconhecem esses jogos de poder porque os homens de poder sabem se esconder muito bem por trás de suas estratégias. Em minhas sessões de aconselhamento, ouço com frequência que, em algumas paróquias, o presidente do conselho da paróquia exerce poder. Ele domina os outros membros. O padre não tem voz. O que acontece na paróquia é decidido pelo presidente. Muitas vezes, ele não busca os interesses da paróquia, mas o aumento de seu próprio poder.

O neurologista norte-americano Ian Robertson descreveu o efeito do poder sobre o cérebro. Ele diz: de um lado, o poder pode tornar-nos "mais inteligentes, mais ambiciosos, mais agressivos e mais concentrados. [...] O poder nos muda abrindo portas no cérebro que nos ajudam a conquistar mais poder" (Robertson, p. 152). De outro, o poder reforça nosso egoísmo e, muitas vezes, revela nosso narcisismo. A "sensação de poder faz também com que nos importemos menos com o que os outros pensam de nós; tornamo-nos mais egoístas e nossa empatia diminui. [...] Uma consequência de ausência de empatia e do aumento do egocentrismo é que passamos a ver as outras pessoas como instrumentos que servem aos nossos propósitos" (Robertson, p. 232).

Muitas vezes, o poder cega. Não queremos mais ver a realidade e passamos a ver tudo através das nossas lentes de poder. Mas elas escondem aquilo que questiona o nosso poder. É por isso que tantas pessoas fracassam no auge de seu poder: ficaram cegas para a realidade e estão tão fixadas em seu poder que se recusam a perceber os elementos críticos em seu redor. Robertson conta que, depois da falência da empresa, os chefes da General Motors foram obrigados a ir para Washington para negociar. Eles viajaram nos jatinhos da empresa, algo que foi duramente criticado pelas mídias. Robertson deduz: "O cérebro desses homens incrivelmente poderosos estava tão marcado pelo poder que eles não conseguiam imaginar como os outros veriam as suas ações" (Robertson, p. 232).

O poder pode aumentar tanto o egoísmo que chega a enfraquecer a determinação "de permanecer fiel a princípios morais" (Robertson, p. 236). Além disso, muitas pessoas que chegaram ao poder se acham especiais. Elas se destacam das multidões e não querem se envolver com o povo comum. Usam os outros apenas como ferramentas para preservar o próprio poder, mas são incapazes de interagir de verdade com eles e de dar atenção aos seus anseios e necessidades. O poder pode, também, levar a fingimento e hipocrisia. Como ilustração, Robertson cita o chefe da Enron: Jeffres Skilling sempre se apresentava como o executivo correto e talentoso, sempre disposto a ajudar os outros a investir bem o seu dinheiro. Mas por trás da fachada correta se escondia uma pessoa que veio a chamar a atenção do mundo inteiro por seu envolvimento na história de uma enorme fraude que causou a perda do dinheiro de inúmeros investidores. Contam que ele nem se dava ao trabalho de "lembrar o nome de seus funcionários". Ele "gostava de demitir pessoas sem misericórdia e, muitas vezes, sem razão" (Robertson, p. 237). Por trás daquele homem, portanto, que se apresentava como uma pessoa correta e ética se escondia um homem sem coração e sem sensibilidade para as aflições dos outros.

Muitas vezes, a maneira em que lidamos com poder está vinculada a experiências da primeira infância. Os psicólogos constataram que pessoas que, quando crianças, foram feridas emocionalmente, cujos sentimentos não foram levados a sério ou que foram ridicularizados, costumam desenvolver ideias megalomaníacas quando adultas, ideias que não podem ser realizadas e que, por isso, estão fadadas a fracassar. Quando, na infância, passamos por necessidades materiais, mais tarde, quando detemos algum poder, nós o usamos para obter vantagens. Nunca mais queremos ser tão pobres como fomos na infância. Mas os psicólogos também descobriram que muitos chefes poderosos se comportam corretamente, outros, no entanto, não. Não podemos, portanto, afirmar que o todo poderoso se transforma necessariamente em um tirano. O poder traz "à tona o tirano nas pessoas – mas apenas em algumas pessoas. Em quais? [...] O poder traz à tona o tirano naquelas pessoas que não se sentem aptas para preencher seu papel como chefe" (Robertson, p. 289). Isso corresponde à nossa experiência de que, muitas vezes, aqueles que não conseguem dar conta de sua função de liderança se comportam de forma especialmente autoritária. Tentam encobrir a sua impotência interna com um comportamento ainda mais autoritário. Mas uma pessoa que realmente possui autoridade não depende desse tipo de comportamento. Uma pessoa que possui autoridade multiplica a vida de seus funcionários, ele não a oprime de forma autoritária. Robertson faz uma distinção entre ambição de poder determinada pelo ego e uma ambição de poder altruísta, que tem em vista o bem das pessoas. "Se a nossa ambição de poder é determinada predominantemente pelo ego, ela pode nos tornar infelizes – corremos um risco maior de nos viciar em poder e de ser corrompidos por ele. Além disso, aumenta a probabilidade de destruirmos nossos relacionamentos pessoais" (Robertson, p. 291).

A ambição de poder determinada pelo ego enfraquece a capacidade de se colocar na situação de outros e a própria consciência. Ela "nos leva a acreditar que, para nós, valem regras diferentes do que para o resto do mundo" (Robertson, p. 292). A ambição de poder altruísta, por sua vez, tem como objetivo melhorar o bem-estar das pessoas e da sociedade. Robertson acredita que a ambição de poder altruísta abafa a agressão beligerante da ambição de poder determinada pelo ego. É, de certa forma, um "arrefecedor para os efeitos fortes e, por vezes, destruidores da ambição de poder desimpedida" (Robertson, p. 260).

O poder oculto da Igreja

Todas as Igrejas gostam de falar em servir. O próprio papa se chama de *servus servorum Dei* = *servo de todos os servos de Deus*. Por trás dessa expressão, porém, esconde-se muitas vezes um poder ainda maior. Um poder que não é assumido abertamente costuma ter um efeito negativo sobre as pessoas. O poder exercido na Igreja possui facetas diferentes.

O poder do ensino

A Igreja possui um magistério. É uma função importante. O magistério protege o ensino contra distorções. Mas a história da Igreja mostra que, muitas vezes, ele foi usado para condenar a teologia que fazia jus ao ensino bíblico, mas não aos interesses da teologia, que muitas vezes era restritiva do magistério.

Temida é uma organização desse magistério, a inquisição, que causou muito sofrimento e tirou a vida de milhares de pessoas, principalmente de mulheres. Originalmente, na Igreja primitiva, desvios do ensino eram combatidos com recursos espirituais. Mas quando o imperador Constantino começou a interferir nos assuntos da Igreja, ele decretou que um desvio do ensino deveria ser tratado como alta traição. Em 1231, o papa Gregório IX encarregou os inquisidores com a perseguição aos hereges. Principalmente na Espanha, eles combaterem qualquer desvio do ensino com violência implacável e mataram aqueles que defendiam outras opiniões. Além disso, a inquisição exerceu um papel vergonhoso, para não dizer indizível, na caça às bruxas. Muita injustiça foi cometida em nome de Deus. Sob o pretexto de servir a Deus, fiéis e infiéis foram tratados cruelmente, o poder foi exercido de modo aleatório sem respeitar o bem-estar das pessoas. O abuso de poder se evidenciou também no fato de que as acusações podiam ser feitas anonimamente. Se você duvidava do seu vizinho, queria prejudicá-lo ou até cobiçava os seus bens, você podia denunciá-lo sem que a pessoa acusada soubesse quem a tinha caluniado. Cada denúncia resultava num processo de inquisição. Muitas vezes, os inquisidores recorriam à tortura para obter uma confissão. Os acusados eram ameaçados com a fogueira, o inferno e a perdição. É uma vergonha que a Igreja tenha aplicado violência cruel em nome de Deus.

O poder do magistério é usado ainda hoje contra teólogos que proclamam a mensagem de Jesus numa língua moderna. Muitos teólogos morais alemães vivenciaram isso na própria pele. Mesmo que o papa Paulo VI tenha mudado o nome da inquisição para "Congregação para a Doutrina da Fé" em 1965 e os castigos cruéis tenham sido abolidos, os teólogos sofriam consequências duras quando eram investigados por essa instituição da Igreja. Alguns perdiam o direito de trabalhar como professores e, assim, também seu sustento econômico. Muitas vezes, os conflitos giravam em torno dos conceitos ou opiniões modernos dos teólogos referentes à sexualidade. Aparentemente, isso trazia à luz as sombras dos teólogos romanos determinados a se agarrar ferozmente ao antigo ensinamento moral.

A ironia é que não existe nenhum dogma que se refira a um código moral. O comportamento e também a avaliação desse comportamento das pessoas estão sempre em fluxo, ou seja, eles mudam ao longo do tempo. Fixar algo e elevá-lo ao *status* de um dogma contradiz à teologia dogmática católica que conheci durante meus estudos em Roma, em Sant'Anselmo. O franciscano Josef Imbach fez, ainda em 2001, experiências desagradáveis com a Congregação para a Doutrina da Fé. As análises feitas contra o seu livro sobre os milagres de Jesus foram entregues anonimamente e revelam um entendimento e um domínio diletante da teologia. Quando Josef Imbach se defendeu contra os métodos obscuros do magistério, ele perdeu sua permissão de ensinar. Além disso, recebeu a ordem de manter sigilo sobre o fato. Isso também é um método de exercer poder: uma pessoa que sofreu injustiça não tem nem o direito de falar sobre ela. Isso serve para fundamentar o poder oculto do magistério (cf. Imbach, p. 12ss.).

O poder do ensino exerce ainda hoje certo papel, independentemente do magistério da Igreja. Muitas vezes, os padres se escondem atrás do poder do ensino. Não permitem que suas homilias sejam questionadas, não aceitam nenhum tipo de crítica. Insistem que foram eles que estudaram teologia, portanto, sabem qual é a verdade. Muitas vezes, o poder é exercido em nome do ensino, confundido as boas novas da salvação com uma mensagem que ameaça as pessoas com o inferno se elas não obedecerem às exigências morais da Igreja. O poder do ensino se revela sobretudo quando exigências morais são elevadas a um *status* absoluto e igualadas à mensagem cristã. A teologia, que, na verdade, é um ensino sobre Deus e sua atuação redentora na história da humanidade, é reduzida a uma teologia moral, que estabelece um código de conduta. As pessoas que não se comportam de acordo com esse código são banidas da comunidade da Igreja.

Abuso de poder na Igreja ocorria e ainda ocorre hoje frequentemente com referência à lei eclesiástica. A lei eclesiástica pode ser uma bênção para a Igreja, pois uma comunidade precisa de preceitos legais para poder funcionar. Mas o importante é que a lei sirva às pessoas, e não vice-versa. O especialista em lei eclesiástica Georg May expressa isso da seguinte forma: "A lei não é capaz de criar vida, ela só pode preservar e proteger vida existente" (SM II, p. 1242). Ele constata que todos os grandes movimentos de reforma na Igreja sempre tiveram algum efeito sobre a lei eclesiástica. O mais importante é que a lei sirva às pessoas e crie um ambiente para elas no qual elas possam viver bem.

No que diz respeito ao casamento e ao tema da participação de pessoas em segundo casamento nos sacramentos, a lei eclesiástica muitas vezes não tem protegido a vida, mas a impediu e feriu. Por isso, em relação à lei eclesiástica, o fiel individual deve sempre aderir à primazia da consciência. Já Tomás de Aquino, o teólogo medieval, que marcou a teologia católica durante séculos, afirma que a consciência é a norma suprema. Devemos observar as normas da lei eclesiástica, mas jamais tratá-la como algo absoluto. Absoluto só pode ser a consciência, que coloca a pessoa diante de Deus, onde ela decide o que reconheceu com a vontade dele para ela.

Uma maneira popular de exercer poder na Igreja foi, desde sempre, inculcar sentimentos de culpa nas pessoas. É difícil defender-se contra isso, pois não existe pessoa no mundo sem culpa. E ninguém consegue dizer com certeza se fez tudo certo. Evocar sentimentos de culpa é uma maneira popular de exercer poder não só na Igreja, mas também na família. Pais dizem aos filhos: "Se você fizer isso ou aquilo, ficarei muito triste. Ficarei muito decepcionado com você, pois assim você me machuca muito". A Igreja, porém, recorre a Deus. Ela diz: "Você está ferindo Deus com suas ações e ele se vingará de você de uma maneira que é muito pior do que uma pessoa poderia imaginar". Deus me castigará com uma doença ou garantindo que minha vida fracasse, que nada dê certo e que acabarei indo ao inferno. A Igreja tem usado esse tipo de poder de forma muito hábil para manter as pessoas dentro de sua comunidade. Ao mesmo tempo, ela lhes ofereceu a cura de sua consciência pesada através da confissão. Originalmente, a confissão era uma oferta terapêutica da Igreja para livrar as pessoas de seus sentimentos de culpa. Durante muito tempo, porém, a confissão era usada como recurso de poder. O confessor fazia perguntas ao fiel sobre a sua conduta – principalmente sua conduta sexual. Alguns padres queriam controlar tudo – e, muitas vezes, satisfazer suas próprias necessidades dessa forma.

Na Idade Média, o peso na consciência dos fiéis foi usado também para arrancar o máximo possível de seus bolsos: a vida depois da morte lhes era apresentada nas cores e imagens mais terríveis, e a Igreja alegava poder libertá-las do purgatório e inferno (ou pelo menos encurtar seu tempo nesses lugares) ainda no aquém através de doações à Igreja ou, como diziam na época: comprando uma indulgência. O comércio com indulgências é um exemplo vergonhoso do abuso de poder na Igreja. Durante séculos, a proclamação das Boas Novas de Jesus foi limitada a uma obrigação moral. Mas essa postura moralizante fez com que muitas pessoas abandonassem a Igreja.

Hoje, esse instrumento de poder não funciona mais. As pessoas se recusam à postura moralizante e confiam em sua própria intuição. Elas se revoltam contra a consciência pesada que alguém tenta gerar dentro delas. E reconhecem no moralista típico uma pessoa que não sabe lidar consigo mesma e, por isso, precisa fazer exigências rigorosas aos outros para desviar a atenção de suas próprias falhas.

Poder em virtude da falta de competência de liderança

O padre à frente de uma paróquia ocupa uma posição de poder. Muitos padres exercem seu poder para o bem da congregação. Eles a lideram, a fertilizam por meio de ideias criativas. Dão muito espaço aos funcionários, no qual eles podem realizar suas próprias ideias. Mas existem também padres que abusam de seu poder. Muitas vezes, eles se escondem por trás do poder de seu ofício. Isso ocorre principalmente quando o padre não possui uma personalidade de liderança. Do ponto de vista de sua formação, o padre é, em primeiro lugar, conselheiro. Ele não aprendeu a liderar uma congregação nem a liderar pessoas em geral. Mas é justamente por ele não ter conhecimentos nem habilidades nessa função, muitas vezes ele insiste no poder de seu ofício. Já que ele se sente inseguro em sua função de responsabilidade, ele reage com irritação. Ele interrompe a discussão nos grêmios e toma uma decisão final. Ele usa sua autoridade como padre para sufocar qualquer diálogo.

Outros padres não possuem qualidades de liderança. Eles entregam o poder aos outros. E assim surgem em muitas congregações estruturas que não fazem bem à paróquia. Isso não vale apenas para as congregações católicas, mas também para as protestantes e evangélicas. As experiências que Martina e Volker Kessler fizeram em congregações evangélicas levaram o casal a escrever um livro sobre pessoas obcecadas com o poder na congregação: *Die Machtfalle* [A armadilha do poder]. Muitas vezes, as congregações dão espaço a pessoas que não recebem reconhecimento na vida particular e profissional para desenvolver nele o seu poder – muitas vezes, de forma que quase não pode ser percebida.

Martina e Volker Kessler descobriram quinze táticas, que esse tipo de pessoa usa. Citarei aqui apenas algumas:

Uma delas é a tática de desviar a atenção: quando surge um tema que incomoda o homem de poder, ele muda de tema para não mostrar sua fraqueza (Kessler, p. 35).

A segunda tática: inocentar-se e jogar a culpa em outros. Muitas vezes, os homens de poder se justificam nesse contexto com palavras piedosas, por exemplo: ele pediu uma solução a Deus e Deus lhe mostrou que deveria agir daquele modo.

Outra tática é a intimidação aberta ou oculta: em vez de responder aos argumentos dos outros, o homem de poder ataca o outro no nível pessoal e questiona o outro.

Outra arma ou técnica popular do homem de poder é provocar sentimentos de culpa no outro.

No entanto, é possível exercer poder também refugiando-se no papel de vítima. A pessoa se queixa e alega ter feito tudo pela congregação, que ela só deseja o bem, mesmo assim, tudo que ela recebe em troca é rejeição. A pessoa se põe em cena como vítima não compreendida. Uma pessoa que se sente como vítima nem percebe quanta agressão emana dela. Um terapeuta me contou que uma das colegas em sua equipe se sente sempre como vítima e assim tiraniza a equipe inteira. Às vezes, o papel de vítima se manifesta também quando alguém se sacrifica pela congregação: ele participa de todas as atividades, ajuda nos preparativos, cuida da alimentação e da organização. Uma pessoa que se sacrifica pelos outros usa seu empenho muitas vezes também para controlar tudo e exercer poder sobre os outros. Muitas vezes, a necessidade de poder se esconde por trás de uma piedade externa: a pessoa participa de todas as missas e sacrifica tempo para as pessoas na congregação. Mas isso não é feito de modo altruísta, mas para satisfazer sua necessidade de poder.

Outra maneira de exercer poder é negar ou distorcer fatos. Argumentamos, por exemplo, em defesa da nossa própria opinião ou solução para um problema dizendo que a maioria dos membros da congregação concordam conosco – sem ter falado com eles. Ou exercemos poder depreciando os outros constantemente. Dizemos que simplesmente não conseguimos seguir seu raciocínio. Assim, nós geramos insegurança neles. Homens de poder tentam controlar seu ambiente. Eles não brigam abertamente, mas semeiam conflitos e então se apresentam como pacificadores. Eles gostam quando há briga entre os membros da congregação. Isso torna mais fácil exercer poder e conquistar pessoas que travam a guerra para eles.

Martina e Volker Kessler citam algumas razões pelas quais os homens de poder têm tanta facilidade de satisfazer suas necessidades em congregações cristãs. Isso certamente tem a ver com os membros da congregação. Alguns cristãos acreditam que abuso de poder só existe no mundo "profano". Mas essa presunção espiritual os deixa cegos para os problemas na congregação. Muitas vezes, os cristãos têm uma necessidade exagerada de viver em harmonia: "Falar sobre problemas internos não é algo bem-visto em nossas congregações. Quem apontar um problema, será visto como um estraga-prazeres" (Kessler, p. 62).

Outra razão pela qual é fácil cometer abuso de poder nas congregações são as estruturas de liderança, que, muitas vezes, não são claras. E a última razão que Kessler cita é: "As congregações cristãs são um reservatório de personalidade não solidificadas. Isso é bom, pois Cristo veio justamente para os enfermos e fracos. Mas personalidades não solidificadas procuram no início de sua vida de fé pessoas nas quais podem se apoiar. Elas costumam se subordinar aos fortes – e assim favorecem involuntariamente o abuso de poder" (Kessler, p. 62).

Hoje em dia, na maioria das unidades pastorais, o padre é o líder de equipe. Sua equipe costuma incluir um ou dois conselheiros espirituais ou assistentes e talvez um diácono ou um segundo padre como apoio. Na Casa Recollectio, uma instituição de reabilitação para religiosos e funcionários a serviço da Igreja, eu acompanho muitos padres e pastores, mas também conselheiros e assistentes. Com frequência, percebo nas conversas que ocorre abuso de poder nessas equipes. O conselheiro possui a mesma formação do padre. Às vezes, porém, suas homilias são melhores do que as do padre porque sua linguagem é mais moderna, mais próxima das pessoas, do que a linguagem clerical do padre. Então, a liderança do padre é contaminada pela inveja. No caso dos conselheiros, eles sentem que não podem "fazer carreira", que sempre serão "servos" do padre. Essa é uma dificuldade inerente ao sistema. E quando o padre abusa de seu poder para controlar e limitar o trabalho dos conselheiros, surgem conflitos. Muitos não estão dispostos a tolerar isso.

Os conselheiros e os assistentes são confrontados também com outros tipos de abuso de poder. Por causa de seu estilo de vida celibatário, alguns padres têm uma relação ambígua com as mulheres. Às vezes, eles as depreciam, mas não admitem isso abertamente, mas se esconderam atrás de uma crítica aparentemente objetiva. Ou eles não repassam todas as informações, de modo que a assistente da paróquia não sabe o que está acontecendo. Outros padres se sentem atraídos por ela e talvez até se apaixonem por ela, mas não admitem isso. Assim, passam a explorá-la, sobrecarregando-a com trabalho. Ou procuram sua proximidade de uma forma que é desagradável para ela. Tentam criar laços emocionais e torná-la dependente deles. Isso também é uma forma de exercer poder.

Muitas conselheiras e assistentes que acompanhei sofrem com o estilo de liderança do padre. Elas sentem que não são respeitadas, ouvem comentários insinuantes, mas também palavras depreciadoras. Elas sofrem com os caprichos do padre. De acordo com C. G. Jung, os caprichos de um homem são um sinal de que ele não integrou sua *anima*, seu lado feminino. E um chefe pode usar isso para dominar suas funcionárias. É o modo típico de exercício de poder de pessoas que não estão em harmonia consigo mesmos e que possuem uma relação confusa com sua *anima*.

Alguns padres manifestam seu desequilíbrio ou sua insatisfação interior sobrecarregando a si mesmo e os outros com trabalho. Mas esse excesso de trabalho exerce pressão sobre os funcionários e faz com que o padre esteja constantemente irritado. Ele reage negativamente a críticas, não está aberto para outras opiniões e interpreta tudo logo como um ataque pessoal. O trabalho excessivo costuma então ser citado como justificativa para não comparecer a reuniões de equipe ou para aceitar somente os compromissos realmente importantes. Isso, porém, impede que se estabeleça um clima de confiança dentro da equipe. Os conflitos não são encarados, mas encobertos. No fundo, o padre deseja viver em harmonia. Mas ele nem percebe como a equipe está revoltada. As emoções não admitidas ou não expressadas dificultam a cooperação.

Alguns funcionários da paróquia estão tão decepcionados com o estilo de cooperação na Igreja que estão pensando em desistir de seu trabalho como assistente ou conselheiro, apesar de terem o desejo de levarem uma vida espiritual e de compartilharem a mensagem de Jesus.

Muitas vezes, porém, é o próprio padre que acaba ficando com o papel de vítima. Um exemplo: quando os membros da equipe não querem comparecer a uma reunião porque a consideram desnecessária, o padre diz: "Então eu terei que fazer tudo sozinho. Mas eu também tenho os meus limites". Alguém que se vê como vítima corre perigo de fazer chantagem emocional com os outros. É isso que acontece também quando o padre acusa um membro da equipe de ser egoísta quando este se recusa a aceitar uma nova tarefa. Muitas vezes, porém, aquele que faz esse tipo de acusações contra outros mostra que ele também é egoísta. A chantagem emocional é usada para pressionar os outros e para tentar manipulá-los por meio das emoções. O chantageador os pune com sentimentos negativos quando eles não fazem o que ele exige deles.

Muitos padres, porém, não podem ser culpados por não serem líderes qualificados. Eles nunca aprenderam a liderar e a usar poder adequadamente. Na minha formação para o sacerdócio, falavam sempre de serviço, devoção e humildade, mas nunca falaram sobre como usar corretamente o poder. Mas é justamente a fala constante sobre servir que resulta num exercício de poder oculto. Muitos padres simplesmente não dão conta, também porque seu papel nas paróquias tem sofrido muitas mudanças ao longo dos últimos anos. Eles não são mais conselheiros, mas líderes de associações pastorais que crescem constantemente. Assim, eles perdem o contato pessoal com as pessoas e o sacerdócio é reduzido à função de administrador.

Isso não lhe faz bem. Muitos pensam: não me tornei padre para ser gerente, mas para ser conselheiro. A frustração que o papel novo provoca gera insatisfação. E essa insatisfação contamina a equipe pastoral.

Hoje em dia, já existem cursos de liderança para o serviço pastoral, mas as dioceses ainda confrontam seus padres com tarefas que se contrapõem ao seu chamado verdadeiro. Muitos padres não conseguem se adaptar a essa nova tarefa. Outros a assumem com alegria, mas então passam a liderar sua congregação com o estilo de liderança de executivos que querem que sua empresa seja o mais eficiente possível. No mundo da economia, esse estilo de liderança já foi abandonado há muito tempo. Mas hoje em dia, a Igreja ficou para trás em seu estilo de liderança. Certa vez, uma mulher me disse: a Igreja está se transformando cada vez mais em uma empresa mal administrada. Ela adota regras de liderança, que, na economia secular, são consideradas antiquadas.

Algumas dioceses pretendem ser modernas e contratam assessores de empresas para analisar suas estruturas. Quando estes exigem a demissão de muitos funcionários, a liderança da Igreja joga toda a culpa nesses assessores. Ela não tem coragem de comunicar suas decisões às pessoas. Uma diocese chegou até a demitir as pessoas por correspondência. Hoje em dia, nenhuma empresa pode se dar ao luxo de fazer isso. Hoje, um bom estilo de liderança exige também transparência. Mas a Igreja, que em muitas coisas não demonstra nenhuma transparência, já que isso revelaria o seu poder, se dá ao luxo de demitir as pessoas por meio de uma carta. Uma empresa que se preze tenta primeiro preservar seus funcionários e buscar outros modos de mantê-los ocupados. E quando a demissão se torna inevitável, as pessoas são convidadas individualmente para uma reunião em que a empresa lhes explica as razões da demissão e sobre os próximos passos a serem tomados. Muitas empresas também ajudam os funcionários a encontrar um novo emprego. Tudo isso não acontece normalmente na Igreja como empregadora.

Algo semelhante vale também para a administração da Igreja com seus diferentes departamentos. Muitas vezes, o trabalho feito aqui apresenta um alto nível de qualidade, mas também aqui se manifestam formas negativos do exercício de poder. Um prefeito que valoriza a sua fé e que se sente em casa na Igreja me disse que as negociações mais difíceis, por exemplo, em relação ao jardim de infância, são aquelas que ele precisa fazer com a administração da Igreja. Lá, ele se depara com teimosia e inflexibilidade. A Igreja se esconde atrás de sua suposta competência. Esconder-se atrás de regulamentos e assim bloquear soluções é uma forma de exercício de poder negativo. Ela demonstra seu poder frente ao prefeito e não coopera para desenvolver soluções construtivas.

Poder emocional e espiritual

A Igreja exerce um poder emocional e espiritual sobre os fiéis. Isso não é necessariamente algo ruim e pode ser uma bênção. Em suas missas, ela toca o coração das pessoas e assim exerce um fascínio sobre elas. Essa é uma forma positiva de exercício de poder. Nas homilias, o padre pode falar dos anseios espirituais das pessoas e assim também exercer poder sobre elas. Ele pode lhes transmitir coragem e esperança. Dessa forma, ele exerce poder que serve à vida. Desde os primórdios da história da religião humana, os sacerdotes e as sacerdotisas dos diversos cultos e culturas têm ocupado posições de poder. Eles se envolviam com uma aura do numinoso. As pessoas acreditavam que esses sacerdotes possuíam um poder especial sobre o numinoso. Eles lhes transmitiam a bênção de Deus. Nas religiões antigas da humanidade, as pessoas atribuíam aos sacerdotes e sacerdotisas a capacidade de transmitir aos outros um pouco da força de Deus. Por isso, eles eram tratados com muito respeito.

Nessa função, o sacerdote responde ao anseio espiritual das pessoas, que é algo sagrado em cada ser humano. A história da religião sempre viu os sacerdotes como guardiões do sagrado. Quando eles se dirigem ao sagrado nas pessoas, eles exercem um poder sobre elas. Mas esse poder é curador. Pois o sacerdote ajuda as pessoas a entrarem em contato com o sagrado que existe dentro delas. O sagrado é sempre também aquilo que cura. E o sagrado é o espaço interior da dignidade inviolável. O sagrado dentro de mim pertence a mim, nenhuma outra pessoa o domina. Quando os conselheiros e as conselheiras ajudam as pessoas a entrar em contato com o sagrado que existe dentro delas, eles exercem um poder curador. Mas esse uso de poder também exige uma grande sensibilidade. Caso contrário, ele facilmente se transforma em abuso de poder.

O abuso de poder em relação ao sagrado se manifesta no abuso espiritual. Isso acontece, por exemplo, quando um conselheiro espiritual diz de forma autoritária à pessoa que está buscando ajuda qual é a vontade de Deus. Muitas vezes, esse abuso de poder ocorre quando um conselheiro espiritual diz ao necessitado: "Eu sei exatamente o que Deus exige de você. Se você fizer o que eu lhe digo, sua vida será bem-sucedida. Mas se você seguir sua própria vontade, você verá o que acontecerá. Com certeza sua vida fracassará". Tais palavras geram medo. E por meio desse medo, o conselheiro espiritual consegue dominar a pessoa que se confiou a ele.

Esse tipo de abuso de poder ocorre frequentemente em conselheiros espirituais, mas sobretudo em líderes espirituais (autodesignados). Eles comunicam aos seus seguidores que eles foram escolhidos por Deus, que eles têm uma intimidade especial com Deus, que foram iniciados nos grandes mistérios. Eles emanam uma aura numinosa que cativa e encanta os seus seguidores. Mas o perigo é que as pessoas se tornam dependentes desse tipo de líderes espirituais e que eles abusam de seu poder.

Um exemplo: certa vez, duas mulheres que haviam sido exploradas por um líder desse tipo me procuraram. No início, ele as fascinou. Ele irradiava algo divino. Elas fixaram seu olhar nele e fizeram tudo que ele exigia delas. Venderam suas casas e lhe deram todo o seu dinheiro que – como ele dizia – seria investido em projetos de caridade na Índia. Mas então elas descobriram que ele estava construindo um palácio naquele país. Isso lançou essas mulheres ingênuas numa crise profunda. Pois tudo em que tinham confiado nada mais era do que hipocrisia e mentira. Não conseguiam confiar mais em ninguém, mas também não queriam simplesmente voltar para a igreja porque temiam ser exploradas e iludidas mais uma vez. Mas aquilo em que tinham confiado havia ruído. Agora, tinham perdido todo o seu dinheiro e também o seu fundamento espiritual. Estavam totalmente confusas e perdidas.

Abuso de poder espiritual ocorre sempre que um pastor ou padre torna os fiéis dependentes deles mesmos. Pessoas com baixa autoestima correm um risco muito grande de serem abusadas espiritualmente. Essa sua autoestima aumenta quando elas se filiam a um grupo e então se mostram dispostas a cumprir todas as exigências do grupo, só para que sejam reconhecidas. Muitas vezes, porém, elas não se dão conta de que estão se tornando dependentes dele.

O psicoterapeuta Reinhold Ruthe descreve os espiritualmente abusados que se encontram em dependência total de líderes ou sistemas religiosos da seguinte forma: "Sem estarem cientes disso, eles se afastam do mundo real, se isolam e vivenciam como relacionamentos pessoais são destruídos. Muitos têm a sensação de receberem mensagens pessoais diretamente de Deus" (Ruthe, p. 138). Sua vida é marcada pelo medo: "Por medo, essas pessoas interrompem todos os contatos com pessoas tolerantes, generosas, de outras crenças, não cristãos e com pessoas que se distanciaram da fé. Elas têm medo de perder a salvação da sua alma. Insegurança e medo paralisam sua atividade. Sempre vivem na tensão de evitar qualquer erro, por menor que seja" (Ruthe, p. 140). Esse comportamento é provocado pelos líderes espirituais que lançaram essas pessoas numa dependência total.

Mas o pior tipo de abuso de poder eclesiástico é o abuso sexual no aconselhamento. Os coroinhas, por exemplo, confiam muito no padre. Ele goza de popularidade entre eles porque sempre é amigável e porque, às vezes, ele lhes compra um sorvete. No altar, eles o vivenciam como um homem piedoso, que sabe pregar e é admirado por todos. Então, quando ele expressa o desejo de tocar o órgão sexual de uma criança, ela fica ainda mais abalada. Muitas vezes, ele esconde esse desejo por trás de um pretexto pastoral e afirma que deseja esclarecer a criança sexualmente. A criança nem sabe o que está acontecendo com ela. Ela pensa que o padre só quer o melhor para ela. Mas ela se sente miserável, totalmente confusa. Ela sente que o comportamento do padre é errado e talvez até sinta nojo dele. Mas ela não consegue categorizar aquele ato. Não consegue harmonizar as duas imagens que tem do padre. De um lado, existe o padre atencioso e piedoso. De outro, existe o homem que realiza suas necessidades sexuais com a criança e a obriga a fazer algo que é desagradável para ela.

Isso não é somente abuso sexual, mas também abuso emocional e espiritual. Pois os sentimentos da criança são confundidos e é afetada em seu fascínio pelo sagrado e espiritual. Ela não entende mais nada e também não ousa dizer nada aos seus pais, já que o padre é altamente respeitado e admirado na paróquia. Talvez ele até tenha dito à criança: "Esse segredo fica entre a gente. Você não pode contá-lo a ninguém. Caso contrário, você prejudica a si mesmo". Assim a criança não tem com quem conversar sobre o comportamento inexplicável do padre. Ela tentará reprimir o ocorrido. Mas não conseguirá. O comportamento do padre a feriu e confundiu profundamente. Assim, a criança não pode desenvolver uma relação saudável com sua própria sexualidade. E muitas vezes a confiança em outras pessoas fica tão abalada que a criança se torna incapaz de se entregar a um relacionamento. E quando ela consegue reprimir aquilo que vivenciou e quando a criança adulta entra num relacionamento, em algum momento, a antiga ferida se abre e a deixará totalmente confusa. Muitas vezes, ela precisa então passar por uma longa terapia para curar e transformar a ferida.

Uma mulher me contou que um padre abusou dela sexualmente quando ela tinha dez anos de idade e, além disso, a ameaçou com uma maldição: se ela falasse daquilo com alguém, ela seria amaldiçoada por toda a eternidade. Durante décadas, essa mulher não conseguiu mais entrar numa igreja. Assim que se aproximava de uma igreja, voltava o medo da maldição. Ela temia que algo ruim poderia acontecer com ela na igreja. Quando uma amiga pediu que ela conversasse comigo sobre isso, ela queria que a amiga estivesse presente na conversa. Quando fui chamado para o portão do mosteiro, eu não sabia qual era o motivo de sua visita. Eu fui ao encontro das duas mulheres e lhe ofereci a mão. Mas a mulher abusada recuou imediatamente. Não queria apertar minha mão. Fiquei um pouco perplexo. No consultório as duas me contaram a história dessa mulher. Então entendi por que ela não pôde me dar a mão. Depois ela voltou duas vezes sozinha para conversar comigo. E então ela conseguiu apertar minha mão. Aos poucos, o medo da maldição se dissolveu. Na conversa eu senti quão profundamente o abuso de poder cometido pelo padre tinha marcado essa mulher. Ele não só tinha abusado sexualmente dela, mas também lançado uma maldição sobre ela, que, durante toda a sua vida, a fizera tremer de medo diante de Deus. Ou seja, o padre tinha abusado também de seu poder espiritual. Quando a mulher me contou a sua história, ela nem conseguia sentir raiva do padre, só medo e vergonha. Foi somente quando conseguiu falar abertamente sobre a sua experiência que ela entrou em contato com a sua raiva, distanciar-se do padre e expulsar a maldição.

Abuso de poder no âmbito político

Hoje em dia, xingar os políticos por abusarem de seu poder se tornou um passatempo popular. Mas antes de nos unirmos a esse coro, devemos reconhecer que muitos políticos se esforçam em usar o seu poder de tal forma a beneficiar o bem-estar das pessoas. Muitos políticos sentem também o limite de seu poder. Não conseguem realizar tudo que querem e que acreditam ser vantajoso para o futuro da humanidade e da natureza. Outros poderes lhes impõem limites: o poder da economia, o poder da opinião pública. Eles só podem tentar realizar aquilo que é possível.

Poder significa (também) impor a sua vontade contra a oposição dos outros. Muitos políticos querem o bem, querem um futuro bom para todos. Mas esse bem nem sempre é agradável. E existe uma opinião pública que também exerce poder sobre os políticos. Às vezes, essa opinião demonstra uma sensibilidade por aquilo que é bom. Muitas vezes, porém, ela é lenta e só tem em vista a vantagem ou os privilégios de algum grupo de pessoas. Então a opinião pública se apresenta como a voz de muitos, mas, na verdade, só reflete as opiniões de uma minoria. Muitas vezes, essa minoria se apresenta então como vítima das boas decisões que os políticos tomaram para o futuro. Os políticos pouco podem fazer contra isso, pois precisam ser reeleitos.

O poder dos políticos é limitado também pelos interesses da economia. Principalmente na Alemanha existe um lobby forte que tenta exercer sua influência sobre os políticos. A palavra "lobby" se refere aos corredores nos parlamentos britânico e norte-americano. É lá que os parlamentares se encontram com os diferentes grupos de interesse. Os lobistas tentam pressionar os políticos. Na Alemanha, existem grupos de lobby poderosos, por exemplo, a indústria automobilística e a indústria farmacêutica, cuja influência sobre a política de transporte e saúde foi decisiva nos últimos anos.

Quando algum ramo da economia emprega muitas pessoas e é importante para os índices econômicos do país, ele tem o poder de impor seus interesses. Muitas vezes, porém, esses interesses não são os interesses das pessoas que vivem no país, mas sim os interesses de algumas empresas.

O trabalho dos lobistas acontece sempre nos bastidores e muitos eleitores nada sabem disso. E quando o dano se mostra a todos, ninguém assume a responsabilidade por ele. Um poder que é exercido às escondidas sempre é perigoso, porque ninguém está disposto a assumir a responsabilidade por suas consequências.

Hoje em dia, muitos países voltaram a ser líderes por típicos homens de poder que usam seu poder contra os habitantes de seu respectivo país. Mesmo assim, a maioria desses políticos foi eleita democraticamente. Isso também revela algo sobre as pessoas que os elegeram. Aparentemente, muitas pessoas anseiam por esses homens de poder que governam com mão forte. Mas em algum momento elas sentem que o serviço que prestaram a si mesmas não foi positivo. Deveríamos refletir mais sobre a razão pela qual as sociedades elegem esse tipo de pessoas para as posições mais altas. O que está acontecendo em nossas sociedades? Quais são as necessidades que levam as pessoas a votar nesse tipo de políticos?

Não são só políticos individuais que exercem poder sobre outros, mas também países inteiros. Hoje em dia, isso se manifesta não só em guerras, mas também em sanções. A China, por exemplo, tenta exercer poder sobre Hong Kong: quando alguns funcionários da empresa aérea Cathay Pacific participaram das demonstrações em Hong Kong, o governo chinês exigiu que esses funcionários fossem demitidos. Então o chefe da empresa se demitiu. O governo chinês aplica pressão também a outras empresas aéreas. Por exemplo, o governo chinês exige que o nome Taiwan não seja usado em seus itinerários, caso contrário, as empresas perdem a licença de voar para a China. Os Estados Unidos usam estratégias semelhantes ao regime comunista na China quando exigem que empresas europeias não exportem para o Irã, país contra o qual os EUA impuseram sanções unilaterais. A União Europeia se recusa a fazer o mesmo. Mas então os Estados Unidos simplesmente pressionam as empresas, ameaçando de revogar sua licença de exportar para os Estados Unidos. Já que, para muitas firmas, os Estados Unidos são um mercado importante, elas cedem à pressão. Isso também é abuso de poder: um país grande pressiona todos os outros países para impor a eles a sua política.

Outra maneira de abusar do poder político consiste na atualidade em espalhar as chamadas *fake news*. Foi com notícias desse tipo que a Rússia interferiu nas eleições norte-americanas e continua tentando exercer uma influência sobre a política em outros países. A China espalha *fake news* sobre o Taiwan. Quando estive no leste da Malásia e conversei com os chineses que moram naquela região, todos acreditavam que a democracia no Taiwan não funcionava, que sua economia estava indo de mal a pior e que as pessoas estavam desempregadas. Tudo isso são notícias falsas espalhadas intencionalmente para transmitir uma imagem negativa sobre o Taiwan. China não pode aceitar que o Taiwan é uma democracia que funciona muito bem e tenta manchar a reputação do país porque pretende assumir o domínio sobre o país, assim como fez com Hong Kong e Macau.

Abuso de poder em empresas

Em muitas empresas, os chefes responsáveis exercem poder para o bem da empresa. Seu estilo de liderança é marcado pela cooperação e eles não usam as pessoas para que o lucro da firma aumente. Os líderes tentam apontar aos funcionários as suas possibilidades de desenvolvimento. Querem despertar a vida neles. Alguns adotaram até o estilo de liderança beneditino, que consiste em servir às pessoas despertando nelas o potencial que se encontra adormecido dentro delas e mostrando-lhes que trabalho pode ser prazeroso. Mas isso exige também que os funcionários sejam valorizados, que os chefes os ouçam para que os funcionários se sintam membros da empresa.

Em muitos cursos com o tema "Como liderar pessoas", eu conheci líderes que realmente usam seu poder para o bem dos funcionários e da empresa. Mas muitos relatam também situações difíceis. Muitas vezes, eles têm superiores que abusam de seu poder. Um funcionário em posição elevada contou que seu superior costuma se atrasar intencionalmente, obrigando seus funcionários a esperar por ele. Essa é a sua forma de exercer poder. Outros não aceitam críticas. Quando alguém expressa uma opinião crítica, ele é ignorado. Ele não é demitido, mas ele não recebe mais projetos interessantes. Assim, o chefe espera que o funcionário crítico se canse de seu emprego e se demita por vontade própria.

Alguns têm medo dos funcionários competentes porque poderiam superá-los. Assim, o chefe os mantém "pequenos" ou humilhados, criticando-os na frente da equipe inteira. Existem muitas táticas de poder, e a maioria dos chefes domina algumas delas. Muitas vezes, trata-se de pessoas com algum complexo de inferioridade e, por isso, precisam depreciar os outros para poder acreditar em sua própria grandeza.

Uma forma de exercer poder de forma negativa consiste em provocar medo nos funcionários. O chefe lhes diz que a empresa irá à falência se eles não trabalharem acima da medida normal. Ou ele ameaça: "Você está sendo observado de perto. Se não melhorar, você será demitido". Outros geram medo por meio de acusações e humilhações constantes. Outros acreditam que, se eles levantarem o tom de sua voz, os funcionários ficarão com medo. Mas muitos reconheceram há muito tempo: só precisa gritar quem está errado. Ou: quem grita, grita porque precisa. Outra forma mais sutil de abuso de poder é encontrada em empresas que alegam ter abolido todas as hierarquias e que falam de um estilo de liderança compartilhada. Mas é uma ilusão acreditar que uma empresa pode funcionar sem hierarquias. A ausência de hierarquias gera constantes lutas pelo poder entre os funcionários, pois não existe clareza sobre quem exerce poder. Assim surgem estruturas de poder ocultas, que prejudicam a empresa e geram uma atmosfera negativa marcada por rivalidades, intrigas, confusão e falta de transparência.

Christine Bauer-Jelinek escreve sobre esse tipo de empresas: "Comunica-se uma participação maior nas decisões do que realmente é praticada. Os funcionários devem ser motivados e distraídos, para que, nos bastidores, a liderança possa realizar seus projetos sem qualquer perturbação por parte dos funcionários" (Bauer-Jelinek, Die geheimen Spielregeln, p. 141).

A hierarquia clássica, por sua vez, oferece muitas vantagens. Ela não garante apenas uma divisão clara das tarefas. "Em virtude de suas posições definidas, ela minimiza a concorrência e lutas pelo poder. Já que os funcionários não precisam provar suas habilidades e competências o tempo todo, tensão e estresse são reduzidos" (Bauer-Jelinek, Die geheimen Spielregeln, p. 151).

Hoje em dia, porém, só restaram poucas empresas com essa hierarquia clássica. Bauer-Jelinek fala do "abandono" das hierarquias e acredita que esse desenvolvimento ocorre "quando estruturas deixam de ser estabelecidas e mantidas corretamente. Visto que estas tendem a enrijecer, elas precisam ser mantidas vivas constantemente. Quando isso não acontece, uma hierarquia deixa de ser eficiente e se torna lenta até estagnar" (Bauer-Jelinek, Die geheimen Spielregeln, p. 151).

A alternativa não é a abolição das hierarquias, mas sua cultivação saudável, dando atenção ao que os funcionários dizem e tendo coragem para tomar decisões. Bodo Janssen, empreendedor e visionário nesse campo, descobriu que o modelo de democracia de base "Nós decidimos juntos" provoca temores nos funcionários. "Para eles, significava que precisavam votar sobre toda e qualquer decisão. E enquanto não surgisse uma maioria clara ou, no pior do caso, era preciso chegar a um consenso, as decisões não eram tomadas. Mas quando decisões não são tomadas, surge uma atmosfera da estagnação e da agressividade" (Janssen, p. 135).

Por isso, são necessárias regras claras sobre quem toma as decisões concretas. Sem liderança não existe comunhão. Bodo Janssen escreve: "Uma precondição para uma liderança viva é tomar decisões. Quem não toma decisões não lidera. Por isso, uma das tarefas importantes da liderança é criar clareza para que decisões possam ser tomadas" (Janssen, p. 138).

A despeito de todo abuso de poder existente em empresas, vale reconhecer que muitos chefes tentam fazer bom uso de seu poder. As empresas poderiam ser um exemplo tanto para a política quanto para a Igreja e a sociedade. Poder é a capacitação para moldar a vida e o ambiente das pessoas de um modo que lhes faça bem em que seja saudável para elas.

Abuso de poder no âmbito pessoal

Abuso de poder existe não só na Igreja, mas também no âmbito pessoal. Quero descrever aqui algumas de suas formas.

Existe, por exemplo, o poder de pais velhos que ainda desejam decidir a vida de seus filhos e das pessoas que convivem com eles. Tudo deve ser como deseja o velho pai. Isso nos mostra que o pai não conseguiu envelhecer de forma bem-sucedida. O processo de envelhecimento exige renúncia. Mas algumas pessoas se agarram desesperadamente às coisas, elas querem continuar a controlar tudo. Antigamente, os pais exerciam poder sobre seus filhos quando diziam: "Enquanto você se sentar à minha mesa, você fará o que eu disser". Muitos pais possuem uma autoridade natural. Eles não precisam demonstrar o seu poder, seu poder provém de seu exemplo e de sua clareza. Esse poder é um poder positivo que é saudável para os filhos. Hoje em dia, vemos com frequência como os filhos exercem poder sobre seus pais. Alguns livros de autoajuda chegam a dizer que os filhos se transformaram em pequenos tiranos. Eles tiranizam os pais com seus desejos e suas necessidades.

Jogos de poder existem também em amizades e no casamento. Uma mulher me contou que ela era pressionada constantemente por sua amiga. Ela a acusava de não se preocupar com ela, de só ligar quando precisava de algo dela, que ela não se importava se ela estava bem ou não. Essa mulher não conseguia explicar esse comportamento da amiga, pois ela demonstrava seu interesse por ela de várias formas. Mas nunca bastava. Assim, a amiga gerava sentimentos de culpa nela. Outro instrumento de poder que a amiga usava era que ela ficava se queixando de como ela estava sofrendo. Ela usava suas depressões como instrumento de poder. A amiga precisava cuidar imediatamente dela, caso contrário, ela ficava ainda pior. Essas formas de exercer poder ocorrem frequentemente em amizades. Mas elas sempre sinalizam que esse relacionamento não tem futuro.

Um instrumento de poder utilizado frequentemente são as emoções. Alguns cônjuges ou amigos colocam o outro sob pressão emocional. Isso pode ser feito de muitas maneiras: quando ficamos magoados e nos retraímos, obrigamos o outro a fazer um esforço especial. Quando reagimos de forma muito emocional ao comportamento do outro, dizendo-lhe, por exemplo, o quanto aquilo nos machucou, também exercemos poder sobre ele.

As duas formas mais fortes de exercer poder emocional são a chantagem emocional e o abuso emocional. A chantagem emocional costuma acontecer entre cônjuges ou amigos. O abuso emocional ocorre mais no relacionamento entre pais e filhos. O abuso emocional dos filhos costuma ocorrer ao longo de anos. Um instrumento do abuso emocional é humilhar a criança na frente de outros, depreciá-la ou envergonhá-la. Uma forma usada com frequência é também a privação de amor. Os pais ameaçam a criança dizendo que não cuidarão mais dela, que não a amarão mais ou até chegam a não falar com ela por alguns dias, até a criança não suportar mais e tentar reconquistar o amor dos pais, à custa de humilhar a si mesma.

Outros pais ameaçam os filhos com castigos severos. Dizem, por exemplo, que serão trancados no porão até pararem de chorar e gritar. Ou acusam as crianças de destruírem a família ou de serem culpadas pela doença do pai ou da mãe. O abuso emocional faz com que a criança fique totalmente confusa. Ela não consegue construir uma relação saudável com suas próprias emoções. Muitas vezes, resultam disso doenças psíquicas como transtorno de ansiedade ou transtorno de personalidade borderline. Muitas vezes, porém, o abuso emocional é quase indetectável. Ele ocorre inconscientemente ou sob o manto de um comportamento que costuma ser normal.

Às vezes, abuso emocional e chantagem emocional se misturam. O seguinte exemplo demonstra isso: uma aluna me contou que sua mãe não consegue ficar sozinha. Era uma mãe solteira. Por isso, o relacionamento entre ela e sua filha era muito próximo. Mas quando a filha teve que se mudar para outra cidade para fazer um estágio, a mãe insistiu que queria se mudar com a sua filha para essa cidade nova. Dizia que a filha não podia deixá-la sozinha. Na verdade, a mãe precisava da filha. Mas a filha queria finalmente fazer algo por conta própria. Por isso, ela combinou com a universidade de que seria vantajoso para seus estudos se ela passasse um ano no exterior. A filha esperava que a mãe não ousaria acompanhá-la. E ela não foi com a filha, mas fez de tudo para gerar sentimentos de culpa na filha, dizendo que ela se sentia miserável quando a filha não estava com ela, de modo que a filha quase não aguentou. Ao mesmo tempo, porém, ela sentiu: se eu ceder agora, estou perdida, pois sempre que eu quiser um pouco de independência, minha mãe me controlará por meio de chantagem emocional.

Normalmente, a chantagem emocional costuma ocorrer mais no casamento ou em amizades. Eu exerço poder sobre o outro fazendo com que o outro se sinta culpado se ele não fizer o que eu desejo. Eu abuso dos meus sentimentos e dos sentimentos do outro quando eu os uso para pressionar o outro. Quando, por exemplo, um dos cônjuges pretende passar alguns dias na casa de um amigo ou de um amigo para relaxar e pôr a conversa em dia, e o outro diz: "Se você ficar fora três dias, eu ficarei mal, eu me sentirei tão abandonado. Com certeza, ficarei doente. Não aguentarei isso. Para mim, isso é um sinal de que você não me ama mais. Você ama sua amiga, seu amigo mais do que a mim", isso é chantagem emocional.

Ninguém consegue não ser afetado por declarações desse tipo. Mas se eu ceder em momentos assim, o outro me controla. Então, sempre que eu manifestar um desejo com o qual o outro não concorda, ele me chantageará novamente. E assim ele poderá exercer seu poder sobre mim sempre que quiser.

Chantagem emocional ocorre também quando ameaço o outro com separação ou até mesmo com suicídio se ele não cumprir o meu desejo. É difícil alguém não ter sentimentos de culpa numa situação assim. Mas se você ceder a essa chantagem emocional, você fica à mercê do outro. Ele pode voltar a manipulá-lo com sentimentos de culpa sempre de novo ou com ataques de raiva se você o contradisser. Alguns cônjuges têm medo do ataque de raiva do outro porque isso o torna imprevisível. Mas é importante que o cônjuge não se renda ao jogo da chantagem emocional. É preciso muita autoconfiança assumir seus próprios sentimentos. Por outro lado, porém, é preciso também coragem em relação àquele que abusa emocionalmente de você para falar sobre as necessidades verdadeiras, a falta de autoconfiança e os desejos infantis daquela pessoa, pois ela pretende usar a chantagem emocional para esconder sua própria insegurança e sua falta de maturidade.

Outra forma de chantagem emocional consiste em permanecer no papel de vítima. Uma mulher, por exemplo, pode sentir-se vítima de seu marido que trabalha muito e não tem tempo para ela. Ela sofre por não poder conversar com seu marido sobre os seus sentimentos. O homem ignora suas tentativas de fazer isso. Ou ele diz: "Não sei do que você está falando. Não vejo problema nenhum". É importante não ignorar essa ferida, caso contrário, ela se manifesta na forma de amargura e depressão. O que se deve fazer é falar sobre o problema e avaliar ao mesmo tempo: em que medida o outro pode mudar? Como posso falar com ele sem que ele se irrite? Se eu só o acusar de sua incapacidade de falar sobre seus sentimentos, ele se retrairá ainda mais.

A reação apropriada seria falar sobre o problema e buscar soluções. E sempre existe um espaço de manobra para algumas coisas que eu mesmo posso fazer. Mas, às vezes, preferimos nos refugiar no papel de vítima. Como vítima, eu exerço poder sobre o cônjuge. Eu gero sentimentos de culpa nele. E eu o acuso constantemente e vejo a culpa pela crise relacional apenas nele. O agressor exerce poder sobre a vítima. Mas se eu permanecer no papel de vítima, eu passo a exercer poder sobre o agressor.

Esses joguinhos de poder nada saudáveis, nos quais os parceiros se alternam nos papéis de agressor e vítima, bloqueiam o relacionamento e o transformam em um drama que traz sofrimento para ambos.

Além do abuso emocional e da chantagem emocional, existem muitas maneiras de exercer poder por meio das emoções, por exemplo, quando fico magoado com as palavras do outro. Então tento gerar nele um sentimento de culpa e o obrigo a fazer penitência. A cada dia, reagimos com emoções ao comportamento dos outros. E muitas vezes usamos os nossos sentimentos para mostrar o nosso poder. Quando estamos bem-humorados, exercemos um poder positivo. Nós contagiamos os outros com nossos sentimentos positivos. Às vezes, os outros não conseguem resistir a isso. Nós simplesmente os arrastamos e convencemos a fazer o que nós queremos.

Ou então criamos uma atmosfera negativa quando estamos mal-humorados. E também exercemos poder sobre os outros. Nós os paralisamos e fazemos com que se sintam culpados.

Razões biográficas para o abuso de poder

A base para que pessoas abusem de seu poder como adultos costuma ser construída na infância. São principalmente complexos de inferioridade e medos que devem ser compensados pelo exercício de poder na idade adulta.

Alfred Adler, o psicólogo vienense, que fundou a psicologia individual e era contemporâneo de Sigmund Freud, colocou no centro de sua psicologia a vontade de poder. Mas ele não glorifica a vontade de poder. Ao contrário, ele a entende como tentativa de compensar medo e sentimentos de inferioridade vivenciados na infância e recompensar a si mesmo pela própria inferioridade. Alfred Adler observou que muitas pessoas possuem, além de órgãos saudáveis, também alguns que eles chamam de "inferiores". A inferioridade significa uma "vulnerabilidade maior para doenças que costumam se manifestar neste local de menor resistência" (Rattner, p. 19).

Além disso, ele constatou que "o organismo possui a capacidade de compensação. Em seu processo de crescimento e desenvolvimento, ele é capaz de compensar falhas inatas ou adquiridas" (Rattner,

p. 20). O ser humano possui essa capacidade também quando se trata de experiências de inferioridade. O sentimento da inferioridade é parte essencial do ser humano, pois já em sua infância ele se vivencia como "um ser de falhas". Mas é justamente a esse sentimento fundamental de inferioridade que devemos a "ambição constante de superação, da qual nasceram todas as grandes conquistas do desenvolvimento da humanidade" (Rattner, p. 22). Tal sentimento de inferioridade só se transforma em uma fonte de compensação negativa – por exemplo, na forma de uma necessidade exagerada de exercer poder – "quando a criança permanece presa nele e não encontra uma saída para sua situação. [...] A criança não consegue superar a sua inadequação percebida e tenta resolver isso através de compensações falsas, por meio das quais ela tenta subjugar o seu ambiente" (Rattner, p. 23).

Uma dessas compensações falsas é o exercício de poder sobre outros. Por isso, para Adler, a vontade de poder é "claramente um distúrbio psíquico". "A pessoa psiquicamente doente pretende aumentar sua autoestima e acaba optando pela ambição de poder. Sua vontade de poder é destrutiva e hostil à comunidade" (Ruthe, p. 26).

Na opinião de Adler, a cura desse distúrbio psíquico ocorre no desenvolvimento de comunidade. "Uma pessoa que demonstra interesse social, uma pessoa que se empenha em prol de seus próximos e se sente responsável pela sua comunidade, manifesta padrões de convívio saudáveis e está longe de ambição de poder e fome de reconhecimento" (Ruthe, p. 26). Por isso, o conceito central em Adler não é a vontade de poder, mas o sentimento de fazer parte de uma comunidade ou, como ele diz em sua obra tardia: a co-humanidade. Ela compensa a experiência de inferioridade e levou a história ao desenvolvimento da cultura humana. "É apenas dela que podemos esperar a continuação da cultura e da felicidade individual. Sua contraparte – a ambição de poder – é queda e perdição do ser humano" (Rattner, p. 31).

Os sentimentos de inferioridade que as pessoas tentam compensar com seu complexo de poder surgem quando elas não se sentem percebidas na infância, quando não recebem reconhecimento e sempre são criticadas como inúteis. Quando a criança se sente insegura em decorrência da falta de reconhecimento pelos pais ou ela vivencia constantemente que ela não corresponde às expectativas dos pais, que ela é desajeitada ou feia, ela se sente inferior. Essas crianças sentem que não conseguem dar conta da vida, que são impotentes diante da vida. Mas ninguém quer ser dominado o tempo todo por esse tipo de sentimento. Por isso, a criança compensa sua inferioridade com diversas estratégias para exercer poder. Todas as experiências negativas que uma criança faz – quando ela é desencorajada, rejeitada e depreciada pelos pais – querem ser compensadas mais tarde. O exercício de poder serve para isso. "Crianças que crescem na sombra, crianças pobres, de mães solteiras, crianças indesejadas e abusadas se transformam em homens de poder que, se necessário, atropelam os outros sem escrúpulos" (Rattner, p. 39).

Uma pessoa com complexos de inferioridade desenvolve, já na infância, métodos para compensá-los com estratégias de poder: as crianças resistem às ordens dos pais. Elas se revoltam. Às vezes, os pais ficam sem saber o que fazer quando têm seus ataques de raiva. Mas existem também estratégias mais passivas, por exemplo, ser preguiçoso e não fazer as tarefas de casa. Uma das estratégias passivas mais eficazes é fingir-se de impotente. Alfred Adler disse: "Impotência é a maior demonstração de poder que existe" (Ruthe, p. 20).

As crianças percebem desde cedo que elas têm poder sobre os pais quando estão doentes. Os pais são obrigados a cuidar delas. E mais tarde na vida elas voltam a usar essa estratégia. Ruthe conta o caso de uma mulher que sempre prendia os outros a si mesma por meio de sua doença: "A sua vida adquire valor quando ela está fraca. Ela exerce poder quando está doente. E ela ganha quando se finge de impotente" (Ruthe, p. 21). É claro que devemos ter cuidado e não interpretar toda e qualquer doença como tentativa de exercer poder sobre os outros. Existe também a experiência contrária, pessoas que não ousam ficar doentes porque não querem ser fracas na frente de outros. Mesmo que as causas do abuso de poder possam ser encontradas frequentemente na infância, isso não significa que possamos jogar nos pais toda a culpa pelas nossas ações como adultos. C. G. Jung diz: em algum ponto, não importa mais tanto como foi a minha infância. Em algum momento, eu mesmo preciso assumir a responsabilidade por minha vida. Mesmo que eu tenha vivenciado muitas feridas na minha infância, eu posso reagir de maneiras diferentes. Os ferimentos não levam automaticamente ao abuso de poder. Posso, por exemplo, ter a esperança de – como disse Hildegard von Bingen – que minhas feridas sejam transformadas em pérolas. Mas isso só funciona se eu me reconciliar com minha biografia e transformá-la em algo positivo. Se eu me enxergar apenas como vítima da minha biografia, eu me recuso a assumir a responsabilidade por minhas ações e justifico meu desejo de poder com os déficits da minha infância.

Mas quando aceito meus déficits conscientemente, eles podem me tornar mais sensível para as experiências de carência das outras pessoas. E então lidarei também com cuidado com o poder que eu tenho como adulto.

O uso apropriado de poder

Poder significa movimentar algo ou – como diz a definição de Bauer-Jelinek – impor algo contra a resistência de outros. Se o objetivo que eu pretendo realizar é bom e se os meios com que pretendo realizá-los são bons, o poder se transforma em bênção. Quando, por exemplo, o chefe quer transformar sua empresa em uma empresa ecologicamente sustentável, ele certamente terá que enfrentar a resistência de alguns funcionários. Alguns empreendedores resignam diante dessa resistência e alegam que é impossível realizar o objetivo com essas pessoas. Nesse caso, o empreendedor revela sua impotência. Ele não exerce o poder que ele possui como chefe de forma apropriada.

Uma pessoa que sabe usar poder consegue superar também resistências e alcançar os seus objetivos que ele acredita serem valiosos não só para a própria empresa, mas para o mundo como um tudo. Mas ele não exercerá seu poder de forma autoritária, mas convencendo os seus funcionários de seus objetivos. Precisamos de métodos bons e apropriados para exercer poder sem que nos transformemos em ditadores.

Métodos para alcançar objetivos

A pergunta é: como podemos realizar nossos objetivos e quais seriam métodos apropriados para impô-los? Em primeiro lugar, precisamos ter a convicção de que o objetivo é bom. Quando eu realmente estiver convicto, eu não desistirei rapidamente do meu objetivo. Precisamos também da capacidade de entusiasmar os funcionários. Precisamos trabalhar para convencê-los e estar cientes de que todas as ideias novas provocam também resistência. Muitas vezes, a resistência é resultado de um medo difuso. Não sabemos o que nos espera. Por isso é importante levar a sério esses medos. Mas eles precisam ser expressados. Eu só posso usar argumentos objetivos e oferecer ajuda para dissolver esses medos se eles forem expostos.

Depois do trabalho de convencer os funcionários, preciso saber como alcançar um objetivo. O objetivo principal deve ser dividido em vários objetivos parciais. E então preciso de estratégias para alcançá-los. Tanto os objetivos parciais como as estratégias precisam ser revistos e aceitos pelos funcionários. A melhor forma de lidar com isso é fazer contratos ou firmar acordos. E é preciso encorajar os funcionários por meio de elogios e reconhecimento. Isso motiva os funcionários a continuar no caminho escolhido.

Aquilo que Bauer-Jelinek descreve como estratégias para exercer poder vale não só para pessoas em posições de liderança. Vale igualmente para os pais que criam seus filhos e para amigos e cônjuges. No fundo, ela descreve uma maneira de conquistar outros para um projeto ou para uma ideia que é importante para mim mesmo. Por isso vale também para os políticos que precisam convencer a população para que possam realizar os seus objetivos. Além disso, é preciso ouvir as pessoas: quais são suas necessidades verdadeiras? Quais são as causas de sua resistência? A resistência possui um sentido. Devo levá-la a sério, confrontar-me com ela, investigar suas causas. Eu só consigo superá-la se conhecer suas causas.

Platão, o maior dos filósofos gregos, chama a virtude que uma pessoa em posição de liderança necessita para impor os seus objetivos de "bravura". Bravura não é teimosia. Eu preciso da bravura quando luto por um objetivo e indica também que, ao realizar meus objetivos, experimentarei contratempos e ferimentos. Mas a bravura me dá a força necessária para lutar, mesmo que seja ferido.

Bravura é o oposto do papel de espectador, um papel assumido por muitas pessoas nos dias de hoje. A pessoa que possui bravura ousa lutar pela vida. Não se trata de lutar contra alguém, mas em prol da vida. Mas essa luta se deparará com resistência. E eu serei machucado e ferido. Quem não estiver disposto a se expor a esse risco, permanece às margens como o "homem com a mão paralisada" no evangelho de Marcos. Mas Jesus o encoraja a sair de seu papel: "Levanta-te aqui no meio" (Marcos 3,3). Jesus quer que encaremos a vida, mesmo que isso signifique o risco de se machucar.

Em meus primeiros anos do meu trabalho como administrador do mosteiro, como diretor financeiro da abadia, aprendi como poder pode ser exercido de forma positiva por meio da bravura. Conversando com os confrades mais jovens, vi que todos estavam convencidos de que deveríamos construir uma casa para hóspedes, pois o trabalho de acolher hóspedes corresponde à espiritualidade beneditina. Pedi que um arquiteto esboçasse os planos para a casa. Muitos confrades se entusiasmaram. Mas nas reuniões do convento, houve também resistência violenta. Algumas das coisas que foram ditas me machucaram também pessoalmente, por exemplo: "Você só está construindo um monumento para si mesmo". Já que era novo naquela função, eu quis desistir e disse a mim mesmo: eu não preciso da casa de hóspedes. Mas o abade Bonifaz Vogel me encorajou: "Anselm, aqueles que estão levantando sua voz contra a casa de hóspedes logo não estarão mais entre nós. Mas cabe a nós a responsabilidade de impor aquilo que reconhecemos como a coisa certa a se fazer". Aquilo me incentivou a realizar o projeto a despeito das muitas resistências. Hoje em dia, ninguém questiona mais esse projeto. Se eu tivesse recuado diante da crítica, eu teria desperdiçado uma grande chance para a abadia. Às vezes, é preciso bravura e insistência para alcançar um objetivo que é criticado por muitos.

Numa luta justa, eu não derroto o outro. Eu quero poder olhar nos olhos do outro e respeitá-lo em sua posição. A psicologia recomenda que devemos lutar de tal modo que ambos saiam da luta sentindo-se vencedores. Pois quando um se percebe como perdedor, em algum momento, ele partirá para o contra-ataque. E então a luta começa de novo.

Conheço muitos padres que, animados, começam a trabalhar numa paróquia e que têm grandes planos para ela. Mas então se decepcionam porque a congregação não o apoia. Os padres buscam novas formas para a missa e vivenciam rejeição e resistência por parte dos velhos membros da congregação. As iniciativas que eles apresentam ao conselho paroquial são bloqueadas. Em algum momento, eles resignam e passam a simplesmente cumprir suas obrigações previstas pelos regulamentos. E assim admitem sua impotência. Um padre também possui um poder positivo, que ele detém como líder de sua paróquia. É claro que suas metas e seus planos não devem ignorar as pessoas. Primeiro ele deve fazer o trabalho de convencer as pessoas de que os planos que ele tem em mente são positivos e que vale a pena fazer o esforço de realizá-los. Ao conversar com as pessoas, alguns desses planos provavelmente sofrerão alguma mudança. Talvez as pessoas queiram dar destaque a algo diferente. O trabalho de convencer as pessoas não significa impor sua própria opinião, mas buscar a realização de um objetivo que possa ser aceito por todos. E isso significa que eu também preciso estar disposto a ouvir os argumentos dos outros e então desenvolver objetivos que possam ser realizados naquelas circunstâncias concretas.

Por outro lado: se eu acreditar em minha ideia, eu não devo ceder facilmente, mas devo tentar convencer os outros de que precisamos seguir aquela direção.

Alguns padres chegam na paróquia nova com um plano detalhado e pronto com a determinação de impô-lo exatamente daquele jeito. Mas a fim de formular um objetivo que sirva ao bem-estar da comunidade é preciso primeiro ouvir. Eu não posso simplesmente impor as minhas ideias à nova comunidade. Primeiro devo ouvir as pessoas. Quais são suas necessidades reais? Quais são seus anseios mais profundos? Somente então consigo desenvolver objetivos e metas benéficas para as pessoas.

Uma boa regra geral é deixar tudo como está por um ano e simplesmente observar e conversar com as pessoas. Você pode perguntar às pessoas por que as coisas são como são e como elas se sentem em relação aos regulamentos e ao estado atual. E você sempre pode perguntar pelos anseios das pessoas. Somente então uma mudança pode ocorrer – e somente então as pessoas estão abertas para ela.

Eu tenho a impressão de que, hoje, em seus planos pastorais, a Igreja exerce um poder, mas é um poder que consiste somente em uma reação ao número cada vez menor de padres e aos recursos financeiros cada vez mais escassos. Não é um poder criativo e positivo, mas uma reação à própria impotência.

Por isso, esses planos pastorais não conseguem entusiasmar ninguém. Ao contrário, muitos padres e congregações reagem com oposição. Eles não reconhecem um poder que deseja provocar e movimentar algo, que pretende alcançar objetivos, mas a impotência de uma Igreja que não tem outra opção.

O que vale para os padres na Igreja, vale de forma semelhante também para os políticos, os chefes de empresas e para o convívio nas famílias. Muitos políticos iniciam sua carreira com um idealismo nobre. Desejam servir ao país e até mesmo a toda a humanidade. Então sentem a resistência da população ou as lutas de poder dentro dos partidos e entre eles e perdem o ânimo. Aqui, precisam da bravura que os encoraja a continuar lutando pela vida. E precisam de estratégias boas para realizar seus objetivos também contra a oposição.

Ouvir o que preocupa as pessoas, dar-se ao luxo de ficar em silêncio para refletir sobre seus objetivos e sobre o que realmente serve às pessoas e o que poderia abrir um futuro para elas – estas são as condições para exercer poder de forma positiva. No silêncio, posso refletir também sobre segundas intenções como ambição e arrogância que podem ter se infiltrado em meus objetivos. O silêncio pode esclarecer a motivação das minhas ações.

Conheci chefes que começaram a criar estruturas mais humanas em sua empresa, a melhorar a comunicação e a incluir os funcionários na tomada de decisões. E então ficaram decepcionados quando muitos não quiseram participar. Muitos se resignaram, principalmente quando alguns funcionários tiraram proveito do novo estilo de liderança para realizar seus próprios interesses. Mas a decepção não deveria levar à resignação e a confirmar os meus preconceitos de que muitos não querem participar por comodismo e egoísmo. Quando tento realizar meus objetivos com uma postura negativa, o fracasso é garantido. Em vez disso, devo ser honesto em relação à minha decepção e perguntar a mim mesmo: onde eu me enganei? Onde ignorei a realidade? Então poderei conversar com os indivíduos que resistem e descobrir: o que os preocupa? Como eles imaginam o futuro da empresa? O que os assusta? Qual é a razão de sua resistência? Essa razão tem sua origem em circunstâncias biográficas ou existem dúvidas se este caminho é realmente o caminho certo? Posso conversar com as pessoas e desenvolver estratégias para realizar os meus objetivos ou os objetivos descobertos nas conversas.

Um bom exercício de poder exige as virtudes da bravura e da paciência. A palavra grega para paciência é *hypomene* e significa: permanecer embaixo de algo, perseverar com bravura. Portanto, é uma palavra mais ativa do que a nossa palavra "paciência". Não devo permitir que qualquer resistência me derrube. Devo colocar-me "embaixo" dela e suportá-la.

Ao refletir sobre as estratégias para realizar os meus objetivos, devo levar em conta que existem pessoas que simplesmente gostam de obedecer a uma autoridade. Elas não sabem assumir muita responsabilidade e tomar decisões importantes. Precisam de instruções claras. Não devo desprezar isso. Se eu as aceitar do jeito que são, elas podem se tornar funcionários bons e confiáveis que exercem uma função importante também numa nova cultura empresarial.

E nas famílias o lema também é não exercer poder de forma autoritária. Aqui, os pais só podem exercer seu poder, que lhes foi dado em virtude de sua função, de forma positiva se eles ouvirem seus filhos, interagirem com eles e não fugirem do trabalho de convencê-los. Mas crianças não precisam apenas ser convencidas. Igualmente importante é obedecer a princípios claros e não questioná-los o tempo todo. As crianças precisam de limites que lhes forneçam um ambiente saudável. Por outro lado, precisam sentir que o poder não é exercido aleatoriamente, mas que é uma expressão de amor.

O formador de poder no lugar do asceta de poder ou homem de poder

Bauer-Jelinek acredita que os efeitos negativos do poder "se devem muito mais à incompetência do que à intenção maldosa" (Bauer-Jelinek, p. 181). Por isso, é importante adquirir competência no exercício de poder. Bauer-Jelinek distingue três tipos de pessoas de poder. O primeiro é o chamado "asceta de poder", o segundo é o "homem de poder". Em algum momento, ambos acabam se encontrando num beco sem saída. Os ascetas de poder adotam uma postura negativa em relação ao poder: "Eles o veem como algo negativo e prejudicial, culpam o poder por todos os males no mundo e se recusam a ter parte nele". Mas essa rejeição do poder costuma resultar em doenças psíquicas ou físicas. "Pois o evitamento constante de conflitos gera muito estresse" (Bauer-Jelinek, p. 186). "Sem perceberem, eles se tornam parte de um sistema de violência e causam danos a si mesmos e aos outros" (Bauer-Jelinek, p. 186).

Homens de poder "possuem uma postura positiva e descomplicada em relação ao poder e o percebem como algo natural. Eles não têm problemas nem escrúpulos em impor seus próprios interesses e resistir a exigências alheias" (Bauer-Jelinek, p. 184). Na maioria das vezes, giram apenas em torno de seus próprios interesses, são pessoas sem convicções éticas e, muitas vezes, decidem ignorar os efeitos negativos de suas ações. Mas na medida em que seu sucesso aumenta, eles perdem cada vez mais a medida certa: "Eles se tornam fanáticos ou viciados em poder. Com o passar do tempo, eles expõem a si mesmos e os outros a perigos cada vez maiores, até fracassarem" (Bauer-Jelinek, p. 186).

Em vista dessas duas formas negativas de convívio com o poder, Bauer-Jelinek aposta numa forma que ela chama de "formador de poder". Eles "são capazes de adaptar o seu comportamento a uma situação determinada. Sua relação com o poder é marcada pelo realismo, pois reconheceram que poder é o instrumento apropriado para resolver conflitos de interesse" (Bauer-Jelinek, p. 187). Formadores de poder não são dominados pelo poder. O poder é um elemento integrado em sua vida. O sucesso não é a única coisa que interessa. Eles também estão dispostos a aceitar um fracasso. Mas isso não os desanima. "A consciência da transitoriedade torna o sucesso menos embriagante e o fracasso menos avassalador" (Bauer-Jelinek, p. 189). Os formadores de poder não traem seu próprio sistema de valores durante o exercício de poder. Eles não insistem teimosamente em seu poder, mas usam o poder de forma apropriada à situação.

Quando refletimos sobre o uso adequado de poder, esse terceiro tipo do "formador de poder" nos mostra como isso pode funcionar na Igreja, em empresas, na política e na família. Não se trata de recusar o poder. Pois quando fazemos isso, caímos num estado de impotência, que não nos faz bem, ou assumimos o papel de vítima e não percebemos que, inconscientemente, continuamos exercendo poder. Tampouco devemos ser dominados pelo poder ou nos viciar em poder, pois isso leva ao abuso de poder com todas as consequências negativas que vemos hoje na Igreja e na sociedade. Bauer-Jelinek cita algumas competências que o formador de poder deve praticar e dominar (cf. Bauer-Jelinek, p. 191). Quero mencionar aqui apenas algumas poucas: o formador de poder possui uma ideia clara de seus objetivos, mas ele também respeita possíveis resistências e as leva a sério. Ele avalia suas próprias reações e as reações alheias. Ele consegue controlar suas emoções e usá-las de forma sensata em negociações. Ele tenta evitar uma escalação e nunca encerra um conflito com uma vitória, mas com negociações. As qualidades que o caracterizam são perseverança, paciência, coragem e criatividade. Essa coragem se mostra também em sua sensibilidade de perceber quando chegou a hora de bater em retirada em vez de impor seu objetivo com violência. Ele precisa ser flexível e estar disposto a ouvir os outros e, ao mesmo tempo, levar seus próprios objetivos a sério.

Assumir poder – precondições e condições

Durante os cursos sobre como liderar pessoas, falo frequentemente com responsáveis que, dentro de sua empresa, poderiam subir mais alguns degraus porque o chefe lhes ofereceu uma tarefa com uma responsabilidade maior – também em termos de recursos humanos. Muitas vezes, eles se recusam a aceitar essa nova função. Eles não têm certeza se ter tanto poder é bom. Além disso, temem que essa responsabilidade adicional signifique também mais trabalho e menos tempo para a família. Para eles, a família é um valor tão alto que eles não estão dispostos a negligenciar em nome do poder. Então eu peço que me descrevam também as possibilidades que a nova função abre para eles. Por fim, tento contemplar com eles três áreas. Essas três áreas são importantes para fazer bom uso do poder.

A primeira área diz respeito ao objetivo. Quando assumo uma posição de poder, devo perguntar a mim mesmo: qual é o meu objetivo? Quais são as metas que pretendo estabelecer para a empresa? Quais são meus objetivos quando assumo responsabilidade na paróquia, na associação, na sociedade? Os objetivos devem abrir espaço para mais vida, mais liberdade, mais qualidade de vida para as pessoas na empresa, na paróquia, mas também mais qualidade de vida para os clientes e para a sociedade. Os objetivos devem sempre servir à vida. Poder é a possibilidade de realizar objetivas e de moldar uma empresa, uma paróquia e a sociedade. Moldar algo é algo positivo e corresponde à comissão da criação que Deus deu ao ser humano.

A segunda área diz respeito aos meios que me permitem realizar os objetivos. Eles devem corresponder aos valores que eu defendo como um ser humano e que eu desenvolvi em cooperação com outros para a empresa ou para a paróquia. De um lado, trata-se da escolha dos recursos, de outro, da maneira como esses recursos são aplicados. Aqui, a virtude da prudência exerce um papel importante. Para Tomás de Aquino, a prudência consiste na capacidade de tomar decisões. Na minha opinião, porém, prudência é mais do que isso. Ela se manifesta também quando faço aquilo que é possível e realista. Não posso usar o poder que me foi dado para atravessar a parede com a cabeça. Com prudência, devo levar em conta as condições e fazer uma avaliação realista daquilo que é possível.

A prudência inclui sempre também o dom do discernimento dos espíritos. Tomás de Aquino vê uma ligação entre prudência e providência, ou seja, a abertura de um futuro positivo. A prudência é a capacidade de possibilitar um bom futuro para as pessoas.

Os recursos com os quais realizo os meus objetivos incluem também os dois conceitos que a tradição antiga nos apresentou: *auctoritas* e *dynamis*. Devemos justificar e exercer o nosso poder não a partir da nossa posição de poder, mas a partir da nossa autoridade, que favorece o crescimento de algo. Não precisamos exercer pressão nem recorrer à violência. Nós incentivamos as pessoas através daquilo que irradiamos e através da "sabedoria maior", à qual os filósofos se referem quando falam de *auctoritas*. Em vez de apelar à *potestas*, à dominação, devemos confiar na *dynamis*, na força que Deus nos dá. No fundo, é uma força espiritual que nos permite exercer o poder de modo que ele toca e provoca algo nas pessoas. É a força do Espírito Santo, que impulsionou Jesus a curar os enfermos e a erguer as pessoas. Não é nossa própria energia, mas a força do Espírito Santo que nos é dada e à qual podemos recorrer sempre que nos conscientizamos da limitação da nossa própria força.

A terceira área que analiso com as pessoas que receberam a oferta de uma posição de maior responsabilidade é a maneira em que exercemos o poder. Muitos temem que, em virtude do poder maior, terão de trabalhar mais e que isso diminuirá o tempo para a sua família. Esses temores são justificados. No entanto, convido as pessoas a analisarem isso mais de perto. Como posso reagir a isso? Uma responsabilidade maior não significa necessariamente mais trabalho. O que precisamos ter é a disciplina de estabelecer horários claros de trabalho e reservar tempo suficiente para si mesmo. E é preciso saber delegar. Não preciso fazer tudo sozinho. Quando tenho mais poder, cabe a mim organizar o trabalho de tal forma que ele seja suportável para mim e meus funcionários. Os políticos também são confrontados com a pergunta se é possível conciliar a vida da família com sua responsabilidade política. Com certeza isso nem sempre é fácil. Mas não sou obrigado a satisfazer todas as expectativas dos outros. Eu mesmo tenho a liberdade de decidir quais reuniões precisam da minha presença e como eu gasto meu tempo. Certamente é necessário reservar tempo suficiente para a vida pessoal e para a família. Igualmente importante é não pressionar a si mesmo em tudo que fazemos e cumprir os nossos compromissos com tranquilidade. Assim, eles não nos estressam.

Um fator decisivo para responder à pergunta se eu posso ou devo assumir a posição de maior poder é a postura interior, a liberdade interior em relação ao poder. Evidentemente, estou ciente da tentação de ser possuído pelo poder e da pressão à qual eu mesmo me submeto para cumprir as expectativas em minha posição de poder. Eu devo me libertar dessa pressão. Eu exerço o poder da melhor forma possível. Não preciso ser perfeito. O importante é minha liberdade interior em relação ao poder. Muitas vezes, porém, essa pressão ocorre não por causa das expectativas dos outros. Eu mesmo me pressiono, perguntando a mim mesmo: Eu estou à altura desse desafio? Conseguirei lidar com o poder?

É preciso analisar esse medo. Quando esse medo transparece em minhas conversas, eu sempre pergunto: O que aconteceria se você fracassasse? Qual é o desafio que devo vencer? Quero cumprir a tarefa da melhor maneira possível. Quero preenchê-la com o meu ser. E confio que eu, como essa pessoa que sou, posso efetuar algo que servirá para o bem da empresa, da paróquia, a associação ou da sociedade.

Evidentemente, existem limites. Existem pessoas que sabem exatamente quais são as suas capacidades e habilidades. Elas têm um grande conhecimento na área em que trabalham. Mas não se veem como líderes. Se eu perceber uma resistência interna contra uma função de liderança, devo levar essa resistência a sério. Posso perguntar a mim mesmo: Essa resistência que sinto contra essa tarefa está me mostrando que ela não serve para mim, que ela me deixará infeliz ao longo do tempo? Ou será que essa resistência está me mostrando que eu deveria entender e definir essa tarefa de outra forma para mim mesmo? Eu nunca tento convencer alguém a assumir uma posição de responsabilidade. O próprio indivíduo deve querer assumi-la. Eu só posso analisar os medos e os argumentos a favor com ele e talvez dissolver alguns medos através da conversa. Mas a decisão deve ser tomada pela própria pessoa.

A decisão de assumir uma posição de responsabilidade e poder maior precisa ser tomada também por padres que são convidados a assumir uma unidade pastoral maior. Eles precisam decidir se querem aceitar o convite ou se preferem trabalhar numa pequena equipe de conselheiros. Sinto em muitos padres uma resistência contra o cargo de liderança de uma unidade pastoral. Entendo essa resistência, pois muitos padres se veem como conselheiros, não como gerentes. Mas antes de recusar a liderança de uma unidade pastoral, sugiro que o padre pergunte pelas razões. Muitas vezes, a causa é o medo de ser reduzido a um administrador e de não poder exercer suas funções verdadeiras como padre. Quando estou ciente desse medo, posso adaptar minha função para que eu tenha tempo e espaço para o aconselhamento e o serviço sacramental e delegar o trabalho administrativo aos funcionários especializados.

Outro medo é que, nessa posição nova, o padre não conseguirá criar um relacionamento verdadeiro com as pessoas por estar sempre se locomovendo entre as diferentes paróquias de sua unidade pastoral. Esse medo é justificado. Quando a unidade pastoral é grande demais, a relação com as pessoas se perde. Trata-se de um desenvolvimento lamentável, e a Igreja deveria levar a sério a resistência contra esse tipo de mudança estrutural. Mas se trata de medidas que devem ser tomadas por toda a Igreja.

Devemos incluir aqui também outras ideias, como aquelas que viabilizam um novo acesso ao sacerdócio, por exemplo, para os *viri probati*, os homens casados, como já sugeriu o Concílio Vaticano

II, ou o acesso das mulheres ao ofício da diaconisa e, no futuro, ao sacerdócio. Na situação atual, porém, essas possibilidades não estão à nossa disposição. A pergunta é como eu devo reagir à situação atual. Eu me revolto contra as mudanças estruturais? Já desenvolvi outras soluções para mim e para a Igreja?

Também aqui preciso da virtude da prudência para tomar a decisão certa. Como líder de uma unidade pastoral maior, eu teria mais poder e mais possibilidades de exercer uma influência sobre a Igreja. Eu teria uma influência maior sobre as mudanças dentro da Igreja e poderia ter um efeito positivo sobre a atmosfera da paróquia. Essa tarefa pode ser muito interessante. Ao mesmo tempo, porém, devo cuidar de mim mesmo: como posso assumir essa responsabilidade maior sem me esgotar, sem negligenciar meu chamado como conselheiro? Não basta quando o bispo exige obediência e simplesmente ordena que alguém assuma essa tarefa. Essas questões devem ser discutidas e as capacidades dos padres devem ser consideradas. Existem padres que simplesmente não foram feitos para assumir uma unidade pastoral. Minha experiência me mostra que alguns padres poderiam, mesmo assim, cumprir bem essa tarefa se eles a encarassem com uma postura de liberdade e tranquilidade interior e se organizassem seu trabalho com prudência a fim de deixar espaço para seu trabalho de aconselhamento e sua vida espiritual pessoal.

Quando, em 1974, após a conclusão do meu doutorado em teologia, o abade pediu que eu estudasse economia para assumir a função de administrador financeiro da abadia, eu hesitei. Eu temia que seria obrigado a negligenciar o meu trabalho como sacerdote. O tema da minha tese tinha sido: "Redenção por meio da cruz. A contribuição de Karl Rahner para o entendimento atual da redenção", e eu acreditava que minha missão consistia em comunicar a teologia em uma linguagem compreensível. Eu temia que o trabalho administrativo não me permitiria cumprir meu objetivo como teólogo e conselheiro. Mas durante uma conversa com o prior e futuro abade Fidelis Ruppert, eu me convenci a assumir essa tarefa. Duas razões contribuíram para essa decisão. A primeira: administração poderia ser um tipo de aconselhamento secular. Se eu puder criar um ambiente no qual 300 pessoas gostam de trabalhar, eu estarei cuidando não só de seu bem-estar físico, mas também de seu bem-estar psíquico. E se pudéssemos trabalhar de outra forma no mosteiro, isso poderia servir melhor à espiritualidade do que os constantes apelos morais. A segunda razão: eu decidi cumprir minha função como administrador financeiro de uma maneira que me permitiria ter tempo para o aconselhamento. Dessa forma, eu me empenhei no trabalho com os jovens durante 25 anos, realizando cursos e palestras. É claro que sempre havia alguma tensão entre as duas áreas de trabalho, mas essa tensão foi fértil para ambas. E mesmo quando o trabalho como administrador foi aumentando, eu disse a mim mesmo: se eu estiver com vontade de escrever, escreverei. Não importa quanto trabalho os outros me deem. Encontrarei tempo e espaço para fazer aquilo que me dá prazer. E assim, nos 48 anos de minha existência como padre, nunca deixei de aconselhar e acompanhar as pessoas.

Posturas para o exercício de poder

O teólogo evangélico e filósofo da religião Paul Tillich cita três posturas que são necessárias para exercer poder de forma positiva: amor, justiça e liberdade. Elas não são apenas posturas, mas também virtudes que nos capacitam a lidar bem com o poder, pois a palavra "virtude" em alemão (*Tugend*) deriva de "*taugen*", "ser útil, servir, ser apropriado". Virtude é a capacidade de fazer algo de forma boa. Assim, sempre que exercemos poder, devemos perguntar a nós mesmos se estamos fazendo jus a essas três virtudes.

A primeira virtude é o *amor*. Eu só posso exercer poder de forma boa se eu amar aqueles sobre os quais eu tenho poder. Amor é mais do que um sentimento. Amor é a afirmação das pessoas com as quais trabalho. Paul Tillich acredita que amor significa unir aquilo que está separado. O poder de uma pessoa imatura divide as pessoas, pois ela projetará todas as suas sombras sobre os outros e assim separará as pessoas que convivem com ela. Vemos que muitos homens de poder dividem os funcionários, os membros do partido ou a sociedade. Quando exerço poder, deve sempre retornar para o amor, mesmo que eu vivencie decepções e preconceitos. Você pode dizer a si mesmo: eu encontro essas pessoas, eu exerço meu poder porque eu amo as pessoas e porque desejo que elas se desenvolvam.

A segunda virtude necessária para o exercício de poder é a *justiça*. Devo fazer jus a mim mesmo e aos meus valores. Aquele que abandona seus valores ao exercer poder prejudicará os outros. Mas justiça significa também tentar fazer jus às pessoas e tratá-las com justiça. Uma justiça absoluta não existe. No entanto, Jesus diz que devemos ter fome e sede de justiça (Mateus 5,6). Então, com a nossa autoridade, tentaremos criar estruturas justas na empresa, dividir os bens de forma justa e dar a todas as pessoas as mesmas chances. Parte disso é dividir o trabalho justamente entre os funcionários. Uma pessoa que foi cegada pelo poder não se importa com a justiça. Mas o poder só se transformará em bênção se ele permitir que a justiça o guie. Aquele que semeia justiça colherá amor e paz (cf. Oseias 10,12).

A terceira virtude do exercício de poder é a *liberdade*. Às vezes, os poderosos não se sentem livres. Estão sob pressão. A sociedade e as mídias obrigam os políticos a fazer algo que eles não querem, chefes de empresas se submetem à pressão de eventos externos. Nos relacionamentos pessoais, nós nos sentimos pressionados pelos caprichos dos outros. Quando não estamos livres, jamais exerceremos poder para o bem-estar das pessoas, pois somos impotentes diante das expectativas do nosso ambiente. Por isso, é importante garantirmos sempre de novo: Eu decido com liberdade interior. Eu exerço meu poder de acordo com a minha consciência e não como os outros esperam de mim. Essa liberdade permite um exercício de poder que pode ser uma bênção para todos. Mas nunca somos totalmente livres quando ocupamos uma posição de poder. Nós só podemos nos aproximar da liberdade, da mesma forma como nos aproximamos cada vez mais do amor e da justiça, mesmo que nunca os realizemos perfeitamente.

Além da minha liberdade interna no exercício de poder, devo também criar uma atmosfera de liberdade na qual as pessoas do meu convívio e as pessoas sob o meu poder não se sintam pressionadas, mas livres o bastante para tomar suas próprias decisões e assumir responsabilidade. Meu exercício de poder deve transmitir liberdade também aos outros.

Conclusão

Analisamos neste livro alguns aspectos do poder. Fiz questão de falar não só dos perigos do poder, mas também das possibilidades que ele oferece. Se quisermos exercer poder no mundo e na Igreja, na economia e na política de uma forma que sirva à vida e levante as pessoas, precisamos desenvolver uma boa teologia do poder. Podemos confiar que é Deus quem nos concede o poder para transformar o mundo cada vez mais de acordo com o espírito de Jesus. É nisso que consiste o poder verdadeiro para nós cristãos: em formar este mundo de acordo com o espírito de Jesus e transformá-lo cada vez mais. O objetivo é transformar o mundo naquilo que Deus imaginou. Isso vale para empresas, para a Igreja, para o estado e para a família.

Ao mesmo tempo, tentei chamar atenção para os perigos contidos no exercício de poder. Especialmente quando o poder é exercido de forma oculta, ele tem um efeito prejudicial sobre as pessoas. Por isso é preciso refletir sobre ele e exercê-lo de forma transparente. Poder significa então realizar os objetivos que reconhecemos como positivos também em face de resistências e obstáculos e assim criar um mundo mais humano, mais misericordioso e mais valioso.

O poder é uma dádiva boa que Deus concedeu ao homem. Mas cada dádiva boa pode ser distorcida. Por isso, vale refletir, entender e usá-lo de tal forma que ele se torne uma bênção para as pessoas.

Desejo que todos os leitores e leitoras possam ver sua relação com o poder e o seu exercício de forma nova e encontrar maneiras de lidar com ele que correspondam à sua natureza: moldar as pessoas de tal forma que elas correspondam à imagem singular que Deus tem delas e criar um mundo de acordo com aquilo que Deus deseja para ele e como Jesus quis criá-lo quando falou do reino como domínio real de Deus.

As primeiras palavras da proclamação de Jesus foram: "Completou-se o tempo k, e o reino de Deus está próximo. Convertei-vos e crede no Evangelho" (Marcos 1,15). Quando o reino de Deus se realiza, o mundo se transforma naquilo que Deus quis originalmente. Mas para que isso aconteça, precisamos nos converter, ou como diz o texto grego: mudar nosso pensamento, refletir de forma nova sobre nós e o nosso mundo.

Assim desejo aos leitores e às leitoras que eles reflitam de forma nova sobre o poder que Deus lhes deu para que transpareça no nosso mundo cada vez mais um pouco daquilo que Jesus chama de reino de Deus, o domínio de Deus, que levanta as pessoas e permite uma nova forma de convívio.

Bibliografia

Christine Bauer-Jelinek, Die helle und die dunkle Seite der Macht, Viena 2008. [Citado no texto como »Bauer-Jelinek«]

Christine Bauer-Jelinek, Die geheimen Spielregeln der Macht und die Illusionen der Gutmenschen, Salzburg 2007. [Citado no texto como »Bauer-Jelinek, Die geheimen Spielregeln«]

Volker Gerhardt, Macht I, em: Theologische Realenzyklopädie (TRE), Band 21, p. 648–652, Berlim 1991.

Romano Guardini, Das Ende der Neuzeit. Die Macht, Mainz 1986.

Richard Hauser, Macht, em: Handbuch theologischer Grundbegriffe, Munique 1963, p. 98–111.

Josef Imbach, Der Glaube an die Macht und die Macht des Glaubens. Woran die Kirche heute krankt, Düsseldorf 2005.

Bodo Janssen, Kraftquelle Tradition. Benediktinische Lebenskunst für heute, Münsterschwarzach 2019.

Martina und Volker Kessler, Die Machtfalle. Machtmenschen in der Gemeinde, Gießen 2004.

Reallexikon für Antike und Christentum (RAC), vol. 1, 4, 5 e 14, Stuttgart 1950ss.

Georg May, Kirchenrecht, em: *Sacramentum Mundi* (SM) II, 1226–1251, Freiburg 1968.

Karl Rahner, Theologie der Macht, em: Schriften zur Theologie, vol. IV, Einsiedeln 1960, p. 485–508.

Josef Rattner, Individualpsychologie. Eine Einführung in die Tiefenpsychologische Lehre von Alfred Adler, Munique 1963.

Ian Robertson, Macht. Wie Erfolge uns verändern, Munique 2013.

Reinhold Ruthe, Machtgier und Geltungssucht. Strategien für ein konstruktives Zusammenleben, Moers 2005.

Heinz-Horst Schrey, Macht II, em: Theologische Realenzyklopädie (TRE), vol. 21, p. 652–657, Berlim 1991.

Fulbert Steffensky, Macht, em: Spirituell leben, org. Gabriele Hartlieb, Christoph Quarch, Bernardin Schellenberger, Freiburg 2002.

LEIA TAMBÉM:

A felicidade das pequenas coisas

Anselm Grün

A insatisfação com as coisas ou com outras pessoas geralmente tem uma causa mais profunda: a insatisfação com a própria vida. Você se concentra em tudo que não vai bem. Você tem sempre algo a reclamar. Claro, sempre há razões pelas quais você pode estar insatisfeito. E há coisas no relacionamento, na empresa, na história da própria vida que não são fáceis de aceitar. Mas isso também depende da sua atitude interior, de como você reage ao que confronta. Já a pessoa satisfeita concorda com a vida. Também já se queixou, já foi insatisfeita, mas rapidamente se acostumou e disse sim a tudo.

Nesse livro, Anselm Grün irá ponderar sobre os tipos de satisfação, o bem-estar perante a vida e aquela satisfação restrita de quem se concentra em si mesmo. Observará como diferentes atitudes e condições podem nos levar à satisfação. Somos felizes se somos satisfeitos, se estamos em harmonia com nós mesmos e com nossas vidas. Outra atitude é o contentamento. Contentamento é também simplicidade. O frugal se contenta com uma vida simples, e a satisfação tem forma de gratidão. Quem é grato por aquilo que Deus lhe deu, grato pelo que tem hoje, está de bem com a vida.

Autor reconhecido no mundo inteiro por seus inúmeros livros publicados em mais de 28 línguas, o monge beneditino **Anselm Grün**, da Abadia de Münsterschwarzach (Alemanha), une a capacidade ímpar de falar de coisas profundas com simplicidade e expressar com palavras aquilo que as pessoas experimentam em seu coração. Procurado como palestrante e conselheiro na Alemanha e no estrangeiro, tornou-se ícone da espiritualidade e mestre do autoconhecimento em nossos dias. Tem dezenas de obras publicadas no Brasil.

CULTURAL

Administração
Antropologia
Biografias
Comunicação
Dinâmicas e Jogos
Ecologia e Meio Ambiente
Educação e Pedagogia
Filosofia
História
Letras e Literatura
Obras de referência
Política
Psicologia
Saúde e Nutrição
Serviço Social e Trabalho
Sociologia

CATEQUÉTICO PASTORAL

Catequese
 Geral
 Crisma
 Primeira Eucaristia

Pastoral
 Geral
 Sacramental
 Familiar
 Social
 Ensino Religioso Escolar

TEOLÓGICO ESPIRITUAL

Biografias
Devocionários
Espiritualidade e Mística
Espiritualidade Mariana
Franciscanismo
Autoconhecimento
Liturgia
Obras de referência
Sagrada Escritura e Livros Apócrifos

Teologia
 Bíblica
 Histórica
 Prática
 Sistemática

VOZES NOBILIS

Uma linha editorial especial, com importantes autores, alto valor agregado e qualidade superior.

REVISTAS

Concilium
Estudos Bíblicos
Grande Sinal
REB (Revista Eclesiástica Brasileira)

VOZES DE BOLSO

Obras clássicas de Ciências Humanas em formato de bolso.

PRODUTOS SAZONAIS

Folhinha do Sagrado Coração de Jesus
Calendário de mesa do Sagrado Coração de Jesus
Almanaque Santo Antônio
Agendinha
Diário Vozes
Meditações para o dia a dia
Encontro diário com Deus
Guia Litúrgico

CADASTRE-SE
www.vozes.com.br

EDITORA VOZES LTDA.
Rua Frei Luís, 100 – Centro – Cep 25689-900 – Petrópolis, RJ
Tel.: (24) 2233-9000 – Fax: (24) 2231-4676 – E-mail: vendas@vozes.com.br

UNIDADES NO BRASIL: Belo Horizonte, MG – Brasília, DF – Campinas, SP – Cuiabá, MT
Curitiba, PR – Fortaleza, CE – Juiz de Fora, MG – Petrópolis, RJ – Recife, PE – São Paulo, SP